城市文化创意产业发展研究

——以北京为例

赵继敏／著

本书受国家自然科学基金项目
(批准号：41201134)资助

丛书主编／周尚意

中国地域文化与社会发展丛书

科学出版社
北京

图书在版编目（CIP）数据

城市文化创意产业发展研究：以北京为例 / 赵继敏著. —北京：科学出版社，2016.4

（中国地域文化与社会发展丛书）

ISBN 978-7-03-047647-0

Ⅰ. ①城… Ⅱ. ①赵… Ⅲ. ①文化产业－产业发展－研究－北京市 Ⅳ. ① G127.1

中国版本图书馆 CIP 数据核字（2016）第 049112 号

丛书策划：侯俊林 石 卉

责任编辑：石 卉 刘巧巧 / 责任校对：赵桂芬

责任印制：徐晓晨 / 封面设计：无极书装

编辑部电话：010-64035853

E-mail:houjunlin@mail.sciencep.com

科学出版社出版

北京东黄城根北街 16 号

邮政编码：100717

http://www.sciencep.com

北京建宏印刷有限公司 印刷

科学出版社发行 各地新华书店经销

*

2016 年 4 月第 一 版 开本：720 × 1000 1/16

2019 年 1 月第三次印刷 印张：10 3/4

字数：216 000

定价：58.00 元

（如有印装质量问题，我社负责调换）

丛书序

近30年，中国文化地理学的发展与中国经济的发展有密切的联系。改革开放、高速城市化、人口流动等带来地方文化的重构，重开国门、经济全球化、国家间文化交流频繁。在这样的背景下，地方政府会遇到许多发展方面的问题，其中有些需要文化地理学者开展深入研究。例如，如何克服城市更新中的“千城一面”？如何化解名人故里之争？如何确定艺术集聚区的位置？如何保持乡村聚落的地方文化基因？如何避免少数民族地区文化旅游对文化原真性的破坏？如何处理地上不可移动文物的保护与聚落发展的关系？还有城市改造中区域文化形象定位、旅游开发中地方性的发掘、边疆地区文化中心建设、消费文化与区域资源环境的关系、文化产业发展的地方文化环境、历史文化城市、村落保护与区域发展的关系等问题。

解决上述问题，需要了解如下过程：第一，意识形态基础的变化过程；第二，消费文化的多元化过程；第三，指引社会组织的价值理念变化过程；第四，人地系统中的技术变化过程。这些过程是多学科的探索对象，文化地理学要说明的是，在不同区域或不同地方，上述过程会出现什么差异，并评判这些变化过程的利弊，尤其是空间表现形态的好坏。

今天的中国，既处在现代化与后现代化并行的时代，又处在社会组织貌似稳定却又不断重组和新技术不断涌现的时代，但依然挡不住生态环境恶化的出现。现在各个地方在谋求发展的道路上，均面临着如何实现产业转型、如何提高文化软实力和如何解决环境问题等挑战。而该丛书则是多位中青年学者，尝试从文化地理学的视角分析地方发展中的现实问题的最终成果，旨在为国家和地方政府的决策、为公民参与这些决策提供参考。

王恩涌

2014年3月2日

前　言

文化创意产业不仅仅存在于大城市中，但由于集聚有利于创意，所以在北京这样的文化中心城市最为发达。随着以艺术区为代表的文化创意产业集聚区在纽约、伦敦等全球城市和北京这样的发展中国家的门户城市的迅速发展，文化创意产业成了全球大都市的关注点，甚至在其城市经济和文化发展中占据举足轻重的地位。

北京文化创意产业大约兴起于21世纪初期，特别是以“798”为代表的艺术区，通过展示活动的举办、新闻媒体的传播等渠道的扩散，迅速成为国内外关注的焦点。从政府到民间，从领导到普通市民，从学术到实践，一种新的文化生态和产业形态正在兴起，而且这种生态或业态并非分布在北京的各处，而是集聚在一定的区域。2006年，北京挂牌成立了第一批十个文化创意产业集聚区。城市空间与文化创意产业之间的关系引起了学界和全社会的关注。

事实上，西方地理学家很早以前就对此有过研究和论述。20世纪80年代，朱克英（Zukin）曾对纽约苏荷区（SOHO）的文化生态做出过论述。之后，欧美学者以城市更新过程中的文化创意空间为题材做出过很多的论述，特别是围绕全球化与地方化因素在这类空间发展中的作用、文化创意产业的发展动力等有过深入的讨论。然而，这些讨论主要都是以西方的文化创意产业发展实践为主要参照的，对于中国文化创意产业及其空间布局等缺乏针对性的思辨。

本书结合西方的理论和实践，从空间视角研究北京文化创意产业的发展，力图对以北京为代表的我国城市文化创意产业发展政策的制定提供有参考价值的成果。目前，中央和地方政府对于北京文化创意产业给予了高度的重视和施行了包括财税政策在内的大量的优惠措施。然而，北京文化创意产业的发展仍然面临着很多体制障碍，特别是在中央、地方、基层部门等各个层级之间如何协作、推动产业发展方面，仍存在很多问题。本书的研究探讨了北京文化创意空间如何变迁、地理尺度如何重组更有利于文化创意产业的发展的问题，对于政府部门制定文化政策、改进文化体制有一定的借鉴意义。

文化创意产业有两方面的特征：其一是创造性，其二是文化属性。国内外有关城市文化创意产业的研究，大都是从如何吸引创意阶层（Florida，2002；Hospers，2003）和培育创意氛围（Scott，2000，2001，2004，2006；Landry，2000）角度出发的，因而，主要考虑的是文化创意产业的创造性特征，以及对文化属性关注的不足。作为生产文化的社会经济部门，文化创意产业的发展必然与社会文化频繁互动。在全球化的时代，这种互动的结果，很大程度上将以地理尺度的重组表现出来。在北京，文化创意产业更多受到国家意识形态和政府管制的影响，因而，产业发展过程与社会文化空间的地理尺度的互动更加频繁且具有典型性。本书弥补了以往城市文化创意产业研究中对于空间和地理尺度作用的忽视。

尽管有如此的期待，但受限于作者的水平，这些目标可能远远没有达到，本书中很多部分不可避免地存在瑕疵和不足，恳请各位方家和广大读者提出批评和指正，十分感谢！

赵继敏

2015年11月

目　录

第一章
文化创意空间理论

第一节　文化空间与创意空间：文化创意空间的由来

文化空间、文化园区、创意园区、创意集群等概念在地理学的研究中以及在有关文化创意产业的研究中已经广为人知。以新加坡国立大学著名文化地理学家江莉莉（Lily Kong）教授为代表的学者则更多采用“文化创意空间”的提法。它既可以用来指代一个特定的表演剧场，也可以指代一个文化艺术的集聚区。总之，它是指文化创意产业集聚的场所。莫建伟（2012）指出，“文化创意空间”一词存在语义不清的缺憾，迄今也未有固定的语义框架阐述各类异质同名的空间的发展和构成。

不过，本书还是决定采用这一提法，原因有二：首先，正如文化创意产业涵盖文化属性和创意属性两方面的内容，文化创意空间也同时具有文化和创意两方面的意味。赵继敏（2011）曾经通过回顾“文化产业”和“创意产业”两个名词产生的历史，分析这两个名词被创造的原因，主张二者是从相对的视角出发定义的相互交汇的产业部类，即文化产业是从消费者（需求）角度出发，创意产业是从生产者（供给）角度出发，二者的交集可以称为文化创意产业，即那些生产过程中人的创造力发挥主要作用，产品以精神价值为主的行业。因而，所谓“文化创意空间”既是创造性人才集聚产生发明创造的地方，同时，也是他们所创造的精神产品传播和交流的场所。其次，文化规划和城市规划在当今主要的国际大都市中正在变得日益不可分割（Landry，2000），文化创意空间的提法最能表现这样一个二者交融的内涵。文化创意大体属于文化范畴，空间则是城市规划领域关注的焦点。文化创意空间正是文化规划和城市规划二者的结合点。事实上，北京众多的文化创意产业集聚区引起文化部门和城市规划部门的共同重视，探讨文化创意空间的理论与实践成为当前二者共同关注的焦点。

需要指出的是，有些学者主张，文化创意空间可以看作产业集群内部的分支，与其他产业集群没有本质上的区别（Pratt，2004），但是一部分政策导向型的学者和研究则认为文化创意产业空间与传统产业集群具有本质上的区别，特别是其高度的信息交流和独特的文化氛围，需要与传统产业不同的环境和政策（Florida，2002）。这里，我们主张文化创意空间不完全等同于文化创意集群。所谓集群的概念更多的来自经济地理学，指代的是实体的产业集聚。而文化创意空间则兼有文化内涵，它既可以是实体的物质空间，指代实体的文化创意产业集聚区，同时也可以是人类主观认识的产物，甚至更加强调与文化、情感、观念等的关联。它是由文化创意人才直接创造的，并且被社会大众所欣赏和接受的文化与空间的统一体，因而，本质上也是社会空间和文化空间。

早期地理学将空间看作被动接纳社会经济活动的容器，自 1974 年，列斐伏尔（Lefebvre）在其著作《空间的生产》中提出，人类在进行各种物质生产的同时，还进行着“空间的生产”，地理学中对“空间”本体论的认识发生了变化，空间具有了社会意义。除物质空间外，还存在社会空间、文化空间。简单说，空间不仅是客观的物质本身，也是人们主观想象的结果，由社会大众和文化习俗共同塑造。文化创意空间正是这样一个复杂的统一体，也许这就是这一词汇存在语义不清的缺憾的原因。

第二节　尺度政治与文化创意空间

在经济地理学新区域主义的影响下，产业集群长期以来被认为是区域经济发展的根源，甚至在文化创意产业的研究中仍有不少人沿用了这样的思想，主张文化创意产业不分类别地无条件地集聚发展。然而，国内最早研究产业集群的学者王缉慈等（2010）早就提出，“产业集聚”是一个中性词组，需要超越只依靠低成本和规模扩张“打造产业集聚区”

的做法和“集群必然导致区域经济发展”的逻辑，超越集群内“共同的社会文化和价值观必然促进企业合作”的命题。也就是说，集群并不必然和文化创意空间联系在一起。文化创意空间的存在形式可能是一个园区，也可能是相对分散地在某个城市之中。

江莉莉（2012）提出除集群之外，文化创意产业的发展还可以有一些其他的思路。在她看来，跨国性的连接、空间政治经济和乡村的文化生产，是当前有关文化创意空间的研究中所忽视的重要部分。其中，所谓的“跨国性连接”实际上也是一个关于尺度的问题。传统的产业集群观点，往往有过于关注地方性因素的倾向，对于地方之外的尺度关注不足。Coe（2000，2004）等学者的研究证明，从多个不同的尺度出发审视空间政治经济在实践中不断交融和变化的过程，对于解释文化创意产业的发展具有非常关键的作用。他从国际、国家和地方三个尺度对温哥华本土电影和电视产业进行了分析。他主张这一行业的主要推动者是一小群独立的制作人，他们在不同地理尺度上受到了一系列的限制：在国际尺度上，美国的跨国公司控制了北美影视产业的资金、生产、流通和播出；在国家尺度上，政府资助和播出机构的购买都倾向于那些更大的制作公司；在地方尺度上，他们不得不与美国的公司争夺员工、区位和设备。在这种情况下，本土制作人和制作公司只有通过建立与关键决策者（除制作人外，还包括少数领先的工作室经理、设备公司经理、后期制作公司经理、政府官员、招聘中介等）在不同空间尺度上的人际关系，才能获得必要的资金、流通渠道、人才等资源。Coe 认为，这些国际、国家和地方等不同尺度上的人际关系网络存在于不同的空间范围、不同的情境和结构中，然而，它们是紧密联系、相互建构的。比如，不能脱离美国娱乐产业的结构，讨论温哥华或加拿大的电影产业的发展。Coe 的这一研究具有特别的意义，他把地理学核心理念之一——尺度，与加拿大本土电影这一创意产业的发展联系起来。

因此，文化创意空间的研究不应简单地被视作地方的现象，它同时也受到国际资本和机构的影响，以及本国政府的各种政策的管制。因而，引入尺度政治对于理解文化创意空间有一定的必要性。

一、尺度政治

随着空间的社会文化属性逐渐被学界认识和接受，与之相关的另一个概念——尺度，也发生了类似的变化。地理学家以往习惯将地方、区域和国家等尺度理解为不变的分析范畴。20 世纪 90 年代以来，新近的研究开始突出尺度的社会建构（Newstead et al.，2003），认为地理尺度远非中立和固定的，而是各种经济、政治和社会活动及其关系的产物（Smith，1992，1996）。

从严格意义上讲，尺度是一种表现的等级（约翰斯顿等，2005）。20 世纪 80 年代之前，人文地理学中的尺度主要是来自地图学、空间科学和区域地理的研究中，是指几何学的空间范围之间的等级关系。到了 80 年代之后，以 Taylor（1982）为代表的地理学者将对空间的政治经济分析拓展到“尺度”这一研究主题上。尺度不再局限于现实世界固有的或抽象的实体结构，而是人类认识世界时在头脑中形成的结构，是为了将世界条理化而人为创造出来的概念化机制和思想工具（Smith，1993；刘云刚，王丰龙，2011a）。自 90 年代以来，尺度的政治经济分析成为人文地理学一个非常热点的主题（如 Smith，1993；Swyngedouw，1997；Brenner，1998，2001；Marston et al.，2005），扭转了以往将尺度视为固定的和与社会无关的观点，主张尺度是通过不同的行动者、运动和组织由社会建构的[这种对尺度的认识，主要是从政治经济的视角来说的，因而 Smith（1990）等学者也称其为“尺度政治”（politics of scale），即将尺度描述为社会政治竞争的过程]。目前，在“尺度政治”研究中，西方学者主要探讨了全球、国家、地方等尺度之间的关系（Cox，1998；Smith，1996 等），少数学者将其应用到对全球化过程中特定地域的地方力量和全球化的政治、文化的斗争的分析中，研究区域主要包括欧盟和北美地区（Mewstead et al.，2003；Coe，2000 等），以及菲律宾等个别亚洲国家（Kelly，1997）。我国学者刘云刚和王丰龙（2011b）曾将其应用到对国内地方重大事件的分析中。

二、尺度政治视角下的文化创意空间

尺度是空间的一种属性，因而包括文化创意空间在内的各种空间均可以从尺度，以及尺度政治的视角加以分析。西方地理学中的“尺度政治”引起了广泛关注，然而，它多应用在政治事件的分析和有关文化创意产业的研究中。在国外已有的研究案例中，仅有 Coe（2000）曾应用这一学说分析温哥华的电影业，国内赵继敏（2010a，2010b）曾用其分析我国文化创意产业的区位变迁。

尺度政治改变了以往人们的空间观念，从尺度政治的视角对文化创意空间进行重新审视必将会有新的发现。在笔者看来，以艺术区为代表的文化创意空间，不仅与文化创意产业集聚区内部的各种机构和人员密切相关，同时，它也与城市内、国家内，乃至全球范围内的关键要素有着重要的联系。因而，所谓文化创意空间不仅仅是一个实体的集聚区，更是各类社会、文化和制度要素在集聚区所重新生产出来的“社会－空间”的统一体。和传统的制造业一样，文化创意产业也是在特定的地理空间中发生、发展的。不同的是，文化创意产业有其自身的特征，对文化创意空间的需求与传统产业也有显著的不同。一般认为，传统产业空间中的要素更重要的往往是土地和房屋的租金、技术人才的集聚及与融资枢纽的距离等。而文化创意空间的特征是生活和工作结合、文化产品生产和消费结合、有多样化的宽松的环境、有独特的本地特征，而且与世界各地有密切的联系（王缉慈，2005）。这些空间除了满足从业人员对于低租金的需要，以及和同业其他人员相互交流的需要之外，往往也为文化创意人才提供了他们所喜爱的自由、宽松、富于文化气息的生活环境。

例如，王缉慈（2005）所指出的，我国的文化创意产业集群主要在三种环境中发展：一是大城市郊区农村（如北京通州宋庄画家村等），二是老厂房改造（如上海泰康路视觉创意设计基地等），三是新园区（如杭州数字娱乐产业园等）。这三种文化创意空间，可以从尺度政治的视角重新解读。综合相关研究，我们将一般影响文化创意产业发展的四个主要尺度概括为全球、国家、城市和集聚区，如表 1-1 所示。

表 1-1　一般情况下三类文化创意空间在不同尺度上的联系强度

分类	全球	国家	城市	集聚区
大城市郊区农村	弱	弱	弱	强
老厂房改造	强	强	强	强
新园区	弱	弱	强	弱

与三种环境相对应：其一，大城市郊区农村主要联系是乡村社区，其他尺度的影响相对较弱；其二，老厂房改造后的社区往往位于城市中心区，是全球、国家、城市、集聚区等各种尺度影响因素相互冲突的焦点；其三，新园区距离城市中心较远，但是，一般都是城市规划重点发

展的区域，往往受到城市政府的高度重视，给予了很多的优惠政策。

以北京的“798”艺术区为例，其属于典型的老厂房改造园区，各尺度的因素影响均很强烈：①全球尺度的影响因素，包括国际上从事拍卖和收藏的公司以及深受国际艺术潮流影响的大艺术家；②国家尺度的影响因素，包括中央政府对待艺术的态度，以及建立的相关法规、具有国家象征意义的一些文化符号（如天安门、长城及孔子等）；③城市尺度的影响因素，是指单纯因为在北京这个城市（而不是因为在首都）所具备的影响因素，主要包括北京的艺术院校、文化传统，以及大量的艺术人才；④集聚区的影响因素，包括特定的景观（如“798”艺术区包豪斯风格的建筑），以及著名艺术家。

在当今流行的有关文化创意空间的研究中，首先，城市这一尺度得到了超乎寻常的重视。无论是 Scott 在 *The Cultural Economy of Cities*（《城市文化经济》）的研究体系，还是 Florida 在 *The Rise of Creative Class*（《创意阶层的兴起》）中的论述，以及其他有关文化创意产业空间的研究中，那些在城市这一空间尺度之下的影响因素，如地方劳动力市场、生产者网络、创意场、社会包容度等城市内部环境因素对文化创意产业的推动得到了广泛的认知。其次，国际、国家等超越城市尺度之上的影响因素往往被忽视。这与实践中，特别是我国大城市，如北京的文化创意产业发展中存在非常明显的差别。比如，Florida（2002）以及 Florida 和 Tinagli（2004）曾使用完全没有尺度概念的创意资本理论，以及基本相同的评价指标分别评价美国各大城市和欧洲各个国家之间创意产业环境的差别；Scott 等学者对于城市文化经济的研究中很少注意到国际因素和国家制度等的影响。

美国国家研究院地学和环境与资源局重新发现地理学委员会（2002）曾指出，注意空间尺度的差异，可以帮助学者避免两类错误：第一，用错误的空间尺度观察问题；第二，因不重视尺度而曲解因果关系。我们不禁要问：文化创意空间的研究是否可以例外？超越城市的尺度仍然重要吗？

经济学、社会学、城市学、地理学等学科对文化创意空间和文化创意产业发展的关系进行了广泛的研究，并形成了文化资本理论、创意城市理论、创意集群理论等众多理论。赵继敏（2010a，2011）对这些理论进行了梳理，将其概括为宏观层次的“软要素”理论、中观层次的创意城市理论和微观层次的创意集群理论，并认为形成不同层次理论的原因在于创意产业的发展是嵌入在国际、国家、城市、街区等不同空间尺度的社会文化环境中的。跨国公司的生产网络、国家的产权制度、城市的文化氛围和各种便利性以及街区层面的集群环境等都可能影响到文化创意产业的发展。经济学、社会学、城市学、地理学等相关学科的学者从自身研究视角出发，强调了某些层面的社会文化因素对文化创意产业的影响，同时，在建构理论的过程中也对其他层次的因素或多或少地有所忽视。然而，在文化创意产业发展的实践中，各个层次的社会文化因素对创意产业的影响是相互联系的，不能截然分割。因而，在城市文化创意产业的研究中，不可避免地需要引入尺度的政治学。

第三节　社会网络与文化创意空间

进入 21 世纪以来，尺度政治研究受到了后结构主义者的批评，他们批评这类研究把空间视为封闭的，强调了垂直的等级关系，忽视了既定空间范围外网络的影响（MacKinnon，2011）。其中，最极端的做法，如 Marston 等（2005）试图在人文地理学中消灭“尺度”这一概念，代之以强调行动者和场所的水平网络的“平面的本体论”（flat ontology）。然而，正如 Moore（2008）所指出的，大多数学者并不认同这种看法，Marston 等在理论上完全消除尺度，导致他们对地理学理论上棘手的问题提供了一个引人侧目的错误药方，有过犹不及的嫌疑。尺度建构学说仍然在人文地理学的研究中占有非常重要的地位，只是在具体问题的分析中，需要更多地考虑水平的网络的影响，采取与网络分析相结合的方式。

我们注意到，Coe（2000）以及 Coe 和 Johns（2004）采用的批判的政治经济分析方法恰恰是合理地结合了社会网络与尺度政治两种学说：以尺度政治和社会网络为理论基础，从国际、国家和地方三个尺度对温哥华本土电影业的社会网络进行分析，并找到其中的关键行动者——发现这一行业的主要推动者是一小群独立的制作人以及他们在不同地理尺度上建立的不同的社会网络。Coe 对北美电影业的分析立足于多个尺度的视角的同时，主要分析的是这些社会网络关系。王缉慈等（2010）指出，文化创意产业之所以集聚，主要根源于五个方面，包括创造力互动、技术变化背景下的组织变革、跨国公司的离岸外包活动、集体创造力所需创意环境以及文化消费行为。而这五个方面的集聚全部都是基于社会网络的。所谓创造力互动，乃是创意者与各类机构之间的“头脑风暴”和频繁互动下的“灵光乍现”；所谓技术变化背景下的组织变革，既是企业组织形式的演变，也可以理解为企业员工之间社会网络关系的转型；所谓跨国公司的离岸外包活动，正是国际机构与本地机构、从业者的网络连接；所谓集体创造力所需创意环境，也是创意人才之间的网络；所谓文化消费行为，则反映了消费者与文化创意产业各环节从业者之间的某种连接（比如，消费者的某种需求通过这样的网络反映到设计师的创作中）。

第四节　文化创意空间的多重属性与文化创意空间理论

一、文化创意空间的多重属性

文化创意空间包含了多重含义：文化创意大体属于社会文化的范畴，空间则与城市、乡村、区域等尺度概念紧密相关。如果深入分析，文化创意空间还蕴含着更多的内容：文化和创意二者有所不同。所谓文化，特指产品以精神价值为主的特征，意味着空间内是富于精神交流的；所谓创意，特指这种交流的过程是富于创造性的，蕴含着生机勃勃的推动性力量。

不仅如此，文化创意空间还总是与经济发展联系起来。所谓文化创意，大体是文化创意产业或者文化创意经济的简化提法。因而，文化创意空间就是文化创意产业集聚或者存在的空间。如图 1-1 所示，文化创意空间的复杂性，同时蕴含了文化、经济、空间等多方面的内容。

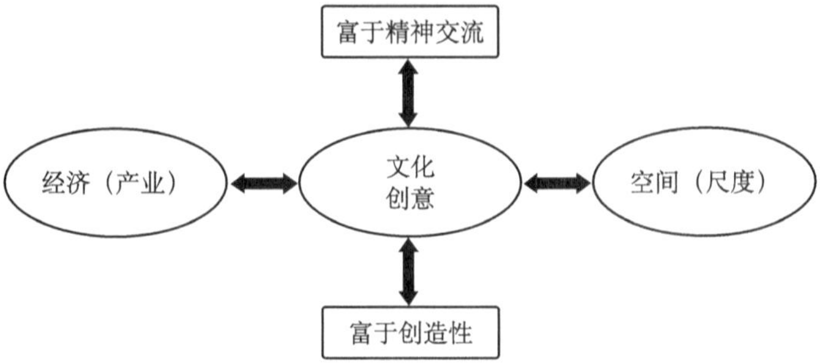

图 1-1　文化创意空间的多重属性

二、文化创意空间理论

地理学关于空间的理论已有很多，特别是列斐伏尔、哈维等关于空间生产的理论，更是将对空间的认识由绝对的、机械的观点转向了相对的、社会建构的辩证分析。文化创意空间自然也符合一般意义上的空间生产理论。但是，正如前文所述，文化创意空间的构成非常复杂。由于它所承载的多重属性，分析文化创意空间相比于其他空间类型更为复杂，因而，要真正解释文化创意空间的发展，必然需要构建相应的理论。

尺度是理解空间问题的一个核心要素，文化创意空间理论首先要吸纳尺度政治学说。在 Smith（1996a）定义的尺度中包括自我、社区、城市、区域、国家、大区域和全球等很多层级。其中，“自我”尺度更适用于社会学的分析，在地理学的研究中未必可以使用。周尚意（2007）曾指出理论上社会文化地理学要以社会文化活动的基本空间单元为最小区域。社会学、人类学将这样的区域称为社区（community）。社区与其他尺度大一些的区域单元的重要区别是，社区的社会文化活动是在面对面的环境中进行的。如果社会文化地理学所研究的区域比这个区域单元更小，就无从谈社会的建构以及文化的共享了（周尚意，2007）。为了分析框架能够简单一些，本书将“自我”之外的尺度进行归类，主要从国际、国家、城市和区域、社区四个尺度进行分析。特别指出的是，这些不同尺度中的要素并非彼此分立的，而是嵌套在一起的。比如，宋庄作为一个艺术社区，在四个尺度上均有对其产生关键影响的因素。①国际尺度：来自世界各地的买家，特别是欧美地区的购买基金；西方艺术观念等。②国家尺度：中国传统艺术观念；中央政府对艺术的管制等。③城市尺度：北京市政府对艺术和经济发展的态度与政策；北京市民的文化观念等。④社区尺度：宋庄镇对艺术产业的观念与政策；宋庄地方文化氛围等。因而，宋庄文化创意产业的发展是多个尺度的各种要素通过社会网络相连接，多种主体以共同利益为纽带，彼此协作、共同塑造的，而不是由某一个尺度的因素所决定的，更不是由宋庄社区内的主体和影响因素所独立决定的。

其中，国际和国家尺度的影响因素在空间分布上有一定的规律：国际尺度的跨国公司更多地分布在门户城市；而国家尺度的国有企业、中央政府机构等更多地影响首都和其他的国家文化中心城市。因而，在门户城市和城市内靠近外国人聚集区，国际性的跨国连接往往更强；在首都、省会等国家文化中心城市以及城市内政府周边，国家尺度的社会网络发育更充分。城市和社区尺度的社会网络由本地的社会结构和文化传统衍生而来，其空间分布因具体的行业和地域而不同。然而，社会经济的发展并非某一个尺度的社会文化因素所能决定的。在不同的历史时期，不同的地域，甚至不同的产业部门，四个尺度中相关影响因素相互博弈、竞争，从而导致了文化创意空间的发展和变迁。

构建文化创意空间理论的第二个重要方面是社会网络。尺度之间并不能直接发生联系。尺度政治学中的“尺度下推”“尺度上推”等常见的演变模式，并非突然之间自然而然发生的，而是依附于不同的空间尺度上的各种利益主体通过彼此之间的社会网络相互作用，彼此博弈的基础上而达成的新的空间政治经济结构。就文化创意产业而言，社会网络是贯穿于整条产业链的，从创意人才到生产企业再到市场，政府、社会组织等辅助结构与直接从事该行业的主体频繁互动才能构建出彼此协调的利益关系，同时创造出富于生机和活力的文化创意产品。

这里需要注意的是生产网络和社会网络的区别和联系。所谓生产网络，以 Dicken 领导的全球生产网络（GPNS）研究最常采用。它是一种类似于产业链、价值链的概念，主要分析的是在全球化的产品内分工背景下，不同的生产环节形成的网络关系。社会网络显然与此不同，是指社会个体成员之间因为互动而形成的相对稳定的关系体系，关注的是人们之间的互动和联系。但是二者又很难分割：一方面，不同的企业之间的联系必定还是通过人来连接的。事实上，对全球生产网络的研究早已经超越了经济学的局限。包括地理学者在内的一些研究者开始把全球生产网络看作一种社会、政治和文化现象，认为全球生产网络受到某一区位的社会、政治和文化影响，但反过来又塑造出具有地理空间差异的社会、政治和文化氛围（Levy，2008）。在这一框架下，政府、民间组织和非政府组织也是非常重要的参与者，消费者、劳工与生产者的相互关系都可能是研究对象（Coe et al.，2008）。另一方面，关于文化创意产业的社会网络主要是围绕产业链而构建的。一般关于文化创意产业的研究中所指出的关键人物大致包括艺术家、企业家、制作人等。这些人物本身就是生产网络中的主要节点，因而生产网络和社会网络虽有不同，但是呈现出彼此融合的趋势。

第二章
北京文化创意产业的历史演变与发展趋势

北京作为我国的政治、文化和经济中心，其自身不仅集聚了文化创意产业的人才，更为各种文化创意传播和交流提供了可能。北京文化创意产业的发展是在特定的地理空间中产生的，存在着不同于其他任何地域、城市的要素组合。北京的创意人才、传播渠道，乃至消费者都有其自身的特点。因而，有必要从空间的视角出发，思考北京文化创意产业的发展，这也正是本书写作的主要目的所在。与全国文化创意产业的发展变迁类似，自改革开放之后，北京的文化创意产业的历史演变可以概括为以下三个阶段。

第一节　文化事业基础上北京文化产业的初步发展（1979～1991 年）

新中国成立后到改革开放前，文化被看作事业，与经济是彼此独立的两个范畴。在与世界隔绝的条件下，北京作为社会主义的首都，是全国文化的绝对中心，集中了主要的文化事业单位的高级部门。实行对外开放之后，包括北京在内的我国的文化事业，开始向文化产业发展。

1979 年 10 月，具有里程碑意义的第四次全国文学艺术工作者代表大会召开是这一阶段文化领域的标志性事件。大会上，邓小平对新时期文化事业的任务做出了阐释：要在建设高度物质文明的同时，提高全民族的科学文化水平，发展丰富多彩的文化生活，建设高度的社会主义精神文明（罗争玉，2006）。邓小平代表党中央肯定了“文化大革命”前17年的文艺路线基本是正确的，总结了历史的经验教训，纠正了过去提出的“文艺服从政治 、文艺从属政治”的偏颇提法 ，重申执行“双百方针”。自此，我国文化事业得以真正复苏和发展。学术领域再次活跃，学者们围绕中国传统文化与现代文化、东西方文化的比较进行了大量的研究和讨论。虽然仍然称作文化事业，但文化单位的事业性质已经不再“纯粹”，可以用“双轨制”来形容。在出版、影视等各种具体的产业门类中，几乎都可以看到这样的例子，即一方面各文化事业单位得到了国家的大力扶持，另一方面有些事业单位开始采用所谓的“企业化管理”。另外，在这种体制转变下，政府对意识形态领域的管制相较以往也大为宽松。

北京积极响应中央的政策方针，改革举措主要有以下几个方面：首先，新设立了一些管理机构，加强对新时期日益丰富的文化事业的管理。1979年，根据中共中央、国务院批准的《北京市人民政府机构改革方案》和《北京市人民政府关于机构设置的通知》，成立北京市广播事业局；1984年将其更名为“北京市广播电视局”；1987年成立北京市新闻出版局。其次，借鉴农村改革的成功经验，实行承包制改革，解决文化企业和事业单位普遍存在的“吃大锅饭”现象。1984年，北京市文化局制定了《北京市属艺术剧院、团实行定额补助经费包干责任制试行办法》。与之配套，1987年，北京市财政局对文化局实行了包括“定收入、定支出、定补助，超收分成奖励”在内的“三定一奖”经费包干制度。最后，对文艺团体落实国家号召的“双轨”制改革，即一方面扶持少数具有历史保留价值的民族文艺团体，采用国家主办的全面所有制形式，力争做到少而精的标准。另一方面，对于绝大多数流动性较强的艺术团体，实行多重所有制形式，由社会力量主办，并且由其独立合算和自负盈亏。

第二节　文化事业向文化产业的进一步迈进（1992～2003年）

20世纪80年代开始，文化事业方面的思想观念进行了重大的转变。

改革开放后，北京文化体制改革先后实施了一系列的重要措施（表2-1）。90年代，体制变革开始大规模的实施。1992年10月，我国召开了中国共产党第十四次全国代表大会，进一步坚定了改革开放的方向，提出了加快改革开放和现代化建设的步伐，文化事业进一步向文化产业迈进。特别是党的十四大报告明确指出，要“积极推进文化体制改革，完善文化事业的有关经济政策，繁荣社会主义文化”。在这样的政治背景下，荧屏、银幕、舞台，百花齐放；群众文化活动丰富多彩；对外文化交流空前活跃；文化事业基础设施建设不断加强（罗争玉，2006）。比如，1994年国家广播电影电视总局（简称广电总局）下发的《关于进一步深化电影行业机制改革的通知》，明确了发行方可以直接向北京等21个省市的各级发行、放映。1997年，制片出品权进一步放开，机关、企业、社会团体等均可以参与制作电影。终结了国有制片厂的垄断的同时，大大激发了市场活力，涌现了一大批以《红色恋人》《甲方乙方》《不见不散》为代表的经济效益和社会效益显著的影片。在电视领域则不断推进“频道专业化、栏目个性化、节目精品化”的趋势，北京广电业在这一时期领先全国，开创了很多先河，比如《编辑部的故事》是国内首部情景喜剧，《北京人在纽约》为首次在国外拍摄的电视剧等。

表2-1 改革开放后北京文化体制改革主要举措

年份	改革内容	说明
1979	北京市广播事业局成立	根据中共中央、国务院批准的北京市人民政府机构改革方案和《北京市人民政府关于机构设置的通知》
1984	北京市广播事业局更名为“北京市广播电视局”	
1987	北京市新闻出版局成立	
1989	北京日报发行至13个国家和地区	
1991	北京市新闻出版局版权处改为北京市版权局	随后，相继成立了北京版权保护协会、北京反盗版联盟、北京版权保护中心、北京版权代理公司等相关机构
1996	北京电影公司、中影公司、首都重要的影院，共同出资组建了“新影联”	第一次以资产为纽带实现了面向市场的企业联合
	召开首都文化发展战略研讨会，制定出台《关于加快北京市文化发展的若干意见》	以城市文化发展战略文件形式提出北京发展文化产业的概念、思路和举措

续表

年份	改革内容	说明
1997	成立北京紫禁城影业有限责任公司	填补北京市电影制作机构空白，创新电影生产模式
	组建北京歌华文化发展集团	“歌华”意为歌颂、弘扬中华文化
1998	创办北京晨报	形成北京报业早、日、晚报新格局
	组建北京新华外文图书集团	由原北京市新华书店、外文书店联合组建
1999	成立北京出版社出版集团（事业）	北京宣传文化领域集团化改革试点的启幕之作
	成立北京歌华有线电视网络股份有限公司	
2000	成立北京日报报业集团（事业）	北京报业第一个试点集团
	组建千龙新闻网（企业）	全国第一家地方综合新闻网站
	起草《2001—2005 年北京市文化建设发展纲要》	北京市文化建设的综合性发展规划
2001	北京歌华有线电视网络股份有限公司在上海证券交易所上市	融资 12.05 亿元，开辟运用资本市场融资发展文化产业、推动文化建设的新渠道
	组建北京广播影视集团（事业）	北京广播影视业的第一个试点集团
	北京电视台和北京有线电视台合并组建新的北京电视台	
2002	歌华有线完成全市有线广播电视网络收购工作	实现“一市一网”
	成立北京新影联影业有限责任公司和北京中影星美影院建设有限公司	电影发行放映体制改革取得新进展
	发布《北京奥运行动规划文化环境建设专项规划》	
	创建北京电视台公共电视频道	取消县专有电视频道，进一步整合有线电视网络
2003	制定《北京市文化体制改革试点方案》	北京市第一个系统的文化体制改革观试点方案
2004	转企改制成立北京儿童艺术剧院股份有限公司	北京市文化体制改革试点的“突破口”和“排头兵”
	转企改制成立北京歌舞剧院有限责任公司	
	组建北京发行集团有限责任公司（企业）	北京图书发行业继 1998 年组建新华外文图书集团后的二次集团化改革
	北青传媒股份有限公司在香港 H 股上市	融资 11 亿元，中国内地国有媒体境外上市“第一股”
2005	组建北京市文化市场行政执法总队	建立北京地区统一的文化市场综合执法体系
	制定出台《北京市文化产业发展规划（2004—2008 年）》	北京市第一个系统的文化产业发展规划

续表

年份	改革内容	说明
2006	转企改制成立中国木偶艺术剧院有限公司	北京市第一个民营控股的市属改制文艺院团
	转企改制成立中国杂技团有限责任公司	
	制定出台《关于深化北京市文化体制改革的实施方案》	北京市文化体制改革从面上推开
	制定出台《北京市促进文化创意产业北京市第一个指导文化创意产业发展的若干政策》	北京市第一个指导文化创意产业发展的政策文件
	制定出台《北京市“十一五”时期文化北京市第一个指导文化创意产业发展创意产业发展规划》	北京市第一个指导文化创意产业发展的五年规划
	组织认定北京市 11 个文化创意产业集聚区	北京市第一批文化创意产业园区
2007	市文化创意产业领导小组办公室与北京地区金融机构建立文化与金融对接的工作机制	启动北京市文化创意产业投融资服务体系建设
2008	北京娱乐信报转型为地铁报	
	北京电台设立节目制作中心、播音主持管理部、新媒体编辑部	
2009	成立北京演艺集团有限责任公司（企业）	北京演艺行业的第一个试点集团
	成立北京出版集团有限责任公司（企业）	揭开北京经营性图书、报刊转企改制的序幕
2010	组建北京广播电视台	形成集采编、制作、播放、传输、新媒体开发于一体的广播电视产业链
2014	设立北京市新闻出版广电局	取消北京市广播电影电视局、北京市新闻出版局

注：根据孔建华．北京文化体制改革 20 年．中国文化产业评论，2010，12：126-157；李建盛．北京文化 60 年．北京社会科学，2009，（5）：108-112.；张泉．改革开放三十年（文化卷）．北京：北京出版社，2008 等相关资料整理

然而，在相当长的时间内，官方仍然将文化看作事业，拒绝承认市场经济条件下，文化可以产业化的现实。一直到 2000 年 10 月，《中共中央关于制定国民经济和社会发展第十个五年计划的建议》终于第一次在中央正式文件里出现了“文化产业”这一名词。这对于文化体制的改革影响巨大。之前，文化被认为是意识形态，是阵地、是教育手段，文化只能是“事业”。此后，文化可以是“产业”，文化产品的经济属性开始得到承认。

在北京市层面，1994 年年底，北京市委市政府严格贯彻中央精神，

发布了《关于进一步推动市属艺术表演团体改革发展的意见》，开始了在市场经济条件下，以转换机制为核心的文化工作改革。北京市文化局提出主要目标为“调布局、体制多、机制活、队伍缩”的口号，力争达到在搞活文艺团体的同时，提升经营效率、节约公共开支的目的。其主要手段包括两方面：

首先，北京抓紧落实了财政部、文化部等出台的中央政策，对艺术生产投资进行了改革，建立了艺术生产目标责任制。根据艺术水准、演出场次等制定标准，合理奖励，确保多劳多得，明显改观了过去只管理投入、不问效益的投资方式。这一阶段，北京市文化团体精简机构，国家和社会力量共同办文化，艺术团体的经营效率得到显著提升。

其次，对人事制度进行改革。同样在1994年，北京市文化局与人事局共同出台了《北京市市属表演团体试行全员聘任制暂行办法》。北京人事局与人才服务中心制定了《关于市属艺术表演团体试行全员聘任责任制单位待业保险暂行办法》，在为艺术从业者解除后顾之忧的同时，保障了艺术团体内部的竞争和活力。

随着文化事业向文化产业的进一步转轨，文化产业各部门取得了快速的发展。北京作为首都，集聚的中央电视台等国家垄断媒体对其文化产业的发展产生了重要推动。同时，北京在文化的商业包装上向南方的广州等城市学习，取得了很大进步。比如，北京的音乐发展开始注重商业化的包装，同时，充分发掘了自身媒体资源的优势，重点发展了“音乐电视”（MTV）。北京对亟须成名的歌手形成了强大的吸引力，许多歌手宁愿毁约来到北京发展（王俊，2007）。

第三节 创意思潮下的北京文化创意产业建设（2004年至今）

2000年以后，北京财政对文化的投入力度加大，艺术团体的经费得到大大提升，进一步改革的动力一度有所减弱。但是，在21世纪，以“798”艺术区为代表的文化现象在国内各大城市涌现，政府和社会日益认识到文化软实力在社会发展中的独特作用，其对文化改革形成了新的推动力量。这一时期，国内外多种力量共同推动着文化创意产业的发展。

首先，来自国际化的创意思潮。自2004年上海举办首届“中国创意产业论坛”，“创意产业”概念传入我国后，引起了各省市地方政府的高度重视。“创意产业”概念的应用大有超越“文化产业”之势。北京则在原有的文化产业概念基础上采用了“文化创意产业”的提法，试图涵盖原有的两个概念。上海、北京先后成立了专门的创意产业研究中心，推行各种优惠政策，将创意产业的发展作为城市经济发展的主要方向。

其次，国家推动文化繁荣发展，增强文化软实力的雄心。2003年，北京市开始文化体制改革试点。中国杂技团与北京市儿童艺术团、北京歌舞剧院、中国木偶艺术剧团一起被列为转企改制的试点。当时提出的思路是要注意区别对待，即对于不具备转企改制的经营性事业单位，暂时保留事业体制，控制规模；对于发展成熟的经营性事业单位则实施改制。这一改制很快取得了显著的成效，特别是像北京歌舞剧院这样的演出单位，改制后由歌华集团、首都旅游集团、北京电视台和北京三奇广告有限公司等联合投资。2005年，演出场次便增加了一倍，达到808场，营业收入由498.5万元迅速增长到1092.62万元。

再次，北京市制定的各项扶持政策。长期以来，北京也和世界各地一样，把文化和经济视为两个分立的范畴。为贯彻科学发展观，2005年中共中央下发《中共中央国务院关于深化文化体制改革的若干意见》，对于文化和文化产业的发展作出了重要部署。该意见特别提出“要重塑文化市场主体，按照现代企业制度的要求，加快推进国有文化企业的公司制改造，完善法人治理结构……实行政府推动和企业市场化运作相结合，打造一批具有国际竞争力的文化企业”；“培育和建设一批出版、电子音像、影视和动漫制作、演艺、会展、文化产品分销等产业基地。重点培育发展一批实力雄厚、具有较强竞争力和影响力的大型文化企业和企业集团”。北京市很快跟进制定了相关政策，2006年《北京市促进文化创意产业发展的若干政策》发布，主要内容分为八个方面：放宽市场准入、完善准入机制；支持创意研发、鼓励自主创新；保护知识产权、营造创意环境；加大资金支持、拓宽融资渠道；拉动市场需求、促进内外贸易；优化资源配置、推动产业升级；实施人才兴业、强化智力支撑；完善统筹机制、加强组织协调。《北京市促进文化创意产业发展的若干政策》的及时颁布，对于加快建设文艺演出、出版发行和版权贸易、影视节目制作和交易、动漫和网络游戏研发制作、广告和会展、古玩和艺术品交易、设计创意、文化旅游八大文化创意产业中心，巩固北京的全国文化中心地位，增强城市发展文化软实力，激发文化创造力，提升城市文化竞争力具有重要战略意义。目前，北京市层面已经制定推动 20 余项文化创意产业发展的政策。在区县层面，同样也制定了数十项，其内容涵盖产业规划、金融支持、工业遗产的保护与利用等各个方面。

最后，是北京自身具备的各种文化、政治和经济资源。作为全国的政治和文化中心，北京有深厚的文化资源和丰富的人力资本。大量高水平的艺术院校、国有的文化事业和文化企业，以及民营的文化机构等使得北京的文化产业发展基础得天独厚。北京市委市政府长期以来高度重视文化建设和文化创意产业发展，在相关的国民经济和社会发展总体规划中对其都给予了高度重视。2005 年年底，北京市作出大力发展文化创意产业的战略决策。经过“十一五”时期的多方努力，文化创意产业上升为北京的重要支柱产业和新的经济增长点。2006 年，北京认定了第一批 10 个文化创意产业集聚区，包括中关村创意产业先导基地、北京数字娱乐产业示范基地、国家新媒体产业基地、中关村科技园区雍和园、中国（怀柔）影视基地、北京“798”艺术区、北京 DRC 工业设计创意产业基地、北京潘家园古玩艺术品交易园区、宋庄原创艺术与卡通产业集聚区和中关村软件园，已经形成了相当的文化创意产业集聚规模。

截至 2011 年 11 月，第四批 7 个集聚区通过认定后，北京市级文化创意产业集聚区已达到 30 个，包括房山等远郊区县在内北京市每个区县都拥有一个及以上文化创意产业集聚区，其中朝阳区 8 个，海淀区 3 个，东城区 2 个，西城区 2 个，丰台区 2 个，石景山区 2 个，通州区 2 个，其余区县均 1 个。北京形成了以骨干文化企业和战略投资者为主体、市级文化创意产业集聚区为依托的发展格局（李铮等，2013），集聚区已经成为北京市文化创意产业发展的重要载体和支撑。从集聚区主导产业看，设计创意 8 个，文化旅游 8 个，文化艺术 7 个，广播影视 3 个，动漫游戏 2 个，出版发行 1 个，广告会展 1 个。

由政府规划建设的聚集区，具有一定的优惠政策，对于文化创意产业的发展无疑具备一定的推动作用。然而，政府在发挥相关作用的过程中，也要注意以市场机制为导向，充分考虑企业的意愿和需求；采用市场化模式，积极引进有园区开发经验的企业，联合文化创意产业龙头企业，规划园区产业发展，制定园区发展战略；努力吸引国际知名企业入住园区，充分发挥龙头企业的示范作用，带动中小企业进入园区，形成产业链发展；加强聚集区公共服务平台建设，构筑市场化的资源共享模式，为园区企业和机构提供技术支持、资讯服务、决策辅助等各种服务，形成结构合理、分工明确、功能互补的专业服务网络。

依据支柱产业理论，衡量一个产业是否达到支柱产业标准的依据就是该产业增加值占 GDP 比重是否达到 5%。而北京文化创意产业占 GDP 的比重早就远远超过了 5%，因此，文化创意产业无疑已经成了北京市的支柱产业之一。软件、网络及计算机服务业因其庞大的发展规模和完善的发展模式成为北京文化创意产业中的支柱行业，近几年来涌现出了一大批如用友、北大方正、百度、同方股份、水晶石数字科技等龙头企业。其中，用友是中国最大的管理软件、ERP 软件、财务软件供应商，是中国最大的独立软件供应商，也是亚太地区最大的管理软件供应商，获得“2011 最佳 ERP 软件品牌奖”。百度是全球最大的中文搜索引擎、世界第三大搜索引擎，凭借着其对中文搜索的独特贡献和由此带来的企业营利，百度已经成为中国最具价值的品牌企业之一。

大力发展文化创意产业是加快转变经济发展方式，推动北京科学发展的必由之路。近年来，文化创意产业持续快速健康发展，呈现出若干特征，包括以下几个方面：一是政府高度重视。在全国率先建立了推动文化创意产业发展的最高决策机制，成立了北京市文化创意产业领导小组。二是文化创意产业增加值占地区生产总值的比重较高，达到 12%，是内地第一个占 GDP 比重突破 5% 的城市。文化创意企业总量和门类居全国之首。三是文化创意原创性较强，全市作品著作权登记数占全国的 50% 以上；北京工业设计水平领跑全国，入选世界“设计之都”。四是文化产业的聚集效应明显，各类艺术院团、机构数量较多，市级和区级文化创意产业集聚区 70 余个。五是文化市场活跃，其中文物艺术品交易总量将超过 500 亿元，约占全国的 80%。北京已经成为全球最大的中国文物艺术品交易中心、全国三大国际版权交易中心。六是传统文化产业发达。按照张泉（2008）等的划分，新闻出版和广播影视属于传统文化门类。目前，北京在这两方面充分利用资源优势和文化传统，取得了较大的发展成效。新闻出版产业规模较大，其中图书出版单位占全国的 41%，报刊种类占全国的 30%，音像出版单位占全国的 43%。广播影视资源在全国最为丰富，其中电视剧生产数量居全国第一位，电影生产制作占全国的 1/2，数字电影后期制作能力已占全国的 2/3；全市共有影院 120 多家，电影银幕 600 余块（人均拥有电影屏幕数量接近法国巴黎、日本），位居全国第一；电影票房已连续四年居全国城市之首。七是网络资源丰富，北京市网站总数突破 30 万家，其中全国 90% 的重点门户网站都在北京。境内外上市的网站达 29 家，总市值 980 亿美元。八是文化产品精品多、质量过硬。“走出去”的优势明显，国家文化出口重点企业数占全国的 26.5%，电影出口量占全国的 1/2，电视剧出口量占全国的 1/4，动漫网游出口量占内地的 60%。九是文化创意产业的投融资环境优势明显。不仅率先在全国建立了文化创意产业的投融资服务体系，北京市财政还每年投入专项资金，各区县也都设立了专项资金，每年投入大约 3.18 亿元。从 2012 年起，北京市财政拨付 100 亿元建立文化创新发展专项资金。文化创意产业固定资产投资总额已达 400 多亿元，居全国之首。

第四节　北京文化创意产业的发展趋势

十八大之后，新一届领导集体高度重视我国的城市化工作，特别是对京津冀地区一体化发展提出了新的要求，进一步明确了北京政治和文化中心的地位。中共中央政治局于 2015 年 4 月 30 日召开会议，审议通过《京津冀协同发展规划纲要》。原来京津冀三地上报的“北京四中心、天津四中心、河北五中心”的定位调整后，确定北京为政治、文化、国际交往、科技四大中心，并且仅有北京保留“中心”的地位，将符合首都战略定位的功能和产业加以提高，不符合的则疏解。北京文化创意产业的发展无疑面临着更加有利的形势。目前看来，北京文化创意产业有可能呈现以下趋势。

首先，文化创意产业的内容创意和交易传播环节所占比重将进一步提高。从产业链看，制作和生产复制环节所占比重偏大，内容创意和交易传播环节所占比重还是不够理想。国际文化创意产业经验显示，内容创意、制作、生产复制和交易传播的价值分配为 45%、10%、5%、40%，核心环节是内容创意，关键环节是交易传播。北京文化创意产业创造环节，制作出品和规模生产环节，产权交易、传播和配套支持环节收入分别占总收入的 39.3%、36.3%、26.4%（孔建华，2010），相较于伦敦、纽约等世界城市还有较大的提升空间。

其次，北京文化创意产业的总量持续扩大。根据北京统计信息网的相关数据，2013 年，北京市文化创意产业活动单位收入合计 11 657.1 亿元，从业人员 162.8 万人，同比分别增长 13% 和 6.5%。其中，艺术品交易和旅游、休闲娱乐类年收入同比分别增长 55.7%、13.6%；广播、电影电视和设计服务类从业人员同比分别增长 20.7% 和 15.7%，居于同类前列。2014 年，北京文化创意产业初步核算实现增加值 2794.3 亿元，占全市 GDP 的比重提高到 13.1%，创历史新高（李洋，2015）。其中，全市动漫游戏业实现产值同比增长 69%，占全国动漫游戏业产值的近 1/3。

再次，投资主体日益多元化，市场导向将发挥更加重要的作用。北京文化创意产业的企业主体结构中，国有资本的比重超过 70%，民营企业比重过低，不利于北京文创意产业的发展（陈洁民，尹秀艳，2009）。

第四，文化消费进一步增长。随着文化创意产业的发展成熟及北京居民收入的不断提高，居民对于精神文化产品的需求增多，消费能力日益强劲，特别是对高质量的文化消费会形成巨大的市场推动力。在文化市场的大背景下，市民将主动参与到创意社会的建设中，通过购买、参观、消费文化产品，激发全社会的创意精神，为创意产业的发展提供机会。

最后，北京文化创意产业国际化趋势凸显。当前，我国知识产权保护环境与文化创意产业中知识产权保护需求差距很大。这一点在数字媒体业表现得尤其突出，由于复制性强，其对知识产权的保护要求相对较高。在文化创意产业发展成熟期，知识产权保护意识不断增强，通过立法与政府政策实现知识产权保护，与国际标准接轨，有助于文化创意产业走出国门，有助于艺术创造再创造，也有助于实现产业品牌化、国际化。

第三章 北京美术产业的发展及其空间的演变

第一节　北京美术产业的发展

美术，也称视觉艺术，一般指占据一定平面或空间、具有可视形象以供欣赏的艺术。美术在北京已有较长的发展历史。新中国成立后，油画成为最重要的视觉艺术形式，北京则成为油画和美术的发展中心。当时的艺术风格主要是徐悲鸿的写实体系同苏联的现实主义的结合。中国油画在写实的同时也常与国家的意识形态相吻合，如《地道战》《刘胡兰》《艰苦岁月》等革命历史题材的作品就是作为教育人民的艺术品而出现在社会大众面前的。改革开放之后，这种局面开始转变，1979 年美术界出现了“星星美展”，艺术家们提出“要政治民主，要艺术自由”的口号，似乎给中国当代艺术提供了一个与主流对抗的情境。与此同时，美术学院、美术作品展览、美术家协会这些长期有效的系统也以自己的方式展现其革新之相。当时就读于北京中央美术学院的陈丹青绘制的《西藏组画》，重启了中国油画学习西欧的步伐。米勒、库尔贝、柯罗、伦勃朗、梵高等 19、20 世纪的艺术家等重新进入中国艺术家的视野（李峰，2008）。之后，中国美术又经历了“八五新潮”“新生代”和“后八九”等思想解放运动，日益向西方主流艺术理念和风格靠拢。政治、性、社会问题等题材逐渐成为当代艺术的主流。

在 20 世纪 80 年代，中国港澳台和其他东南亚地区的华人买家是中国内地油画市场的缔造者。他们依靠收入的价格差、货币兑换比率，在中国内地大量购入写实绘画，影响直至今日。北京作为对外门户，自然也是这些华人买家主要光顾的城市。然而，画廊、艺术赞助制度至今仍十分欠缺。艺术至上的理想主义堪称主流，艺术家的创作伴随着改革开放的进程，更多的是思想解放运动，而不是商业活动。90 年代初期之后，中国当代艺术开始为西方所关注，中国本土的当代艺术收藏力量已在缓慢成长，而北京作为国家文化中心和对外交流的中心，自然成了西方艺术家和商人关注的焦点。1991 年，澳大利亚人布朗·华莱士在北京创办红门画廊，之后，世纪翰墨画廊、四合苑画廊等也先后成立。中国当代艺术开始登上国际舞台，然而，从总体上看，这个舞台是由他人搭建的，规则、标准也是由西方设定的。中国当代艺术开始在西方成熟的“艺术家—策展人、评论家—媒体—画廊—拍卖行—收藏家—美术馆”体制内运作（李峰，2008）。

总之，改革开放以来，和我国其他地区一样，北京美术发展的影响因素日益从单一的国家内部因素转向国际因素与国内因素共同作用。无论是艺术风格，还是艺术市场都处在与西方接轨的过程之中。

第二节　北京美术产业核心园区的迁移

一、圆明园画家村

（一）诞生

20 世纪 90 年代初，“铁饭碗”被打破，国家不再统一分配工作，一批从美术学院毕业的学生带着闯荡的心态来到了圆明园附近的福缘门村，与一些无名的艺术家聚集在一起，他们艰难、骄傲、放荡，时不时地还要被驱逐和冲散，过着“游击队”一样的生活（张中江，2008，图 3-1）。这些人中除了画家，还有歌手、诗人，有去北京电影学院、片厂等着“跑龙套”的群众演员，有无所事事留了长发或者剃了光头去混“前卫”身份的，还有对这个部落惊讶不停的外国人，以及纯真的女大学生和文学青年们（张烊，2008）。

图 3-1　圆明园画家村一角

资料来源：张烊（2008）

画家胡月朋（2007a）回顾“圆明园画家村时期的生活往事”时，做了如下的描述：

那时候圆明园小西门外的福缘门村，因毗邻皇家福海及园林残墟等独特的自然景观，再加上当时房租便宜，因此在短短五年的时间里先后聚集三百多位来自全国各地的自由职业艺术家及相关文化人士。八五新潮后，这种自觉的脱离体制、投身自由怀抱的艺术实验行为，在当时的社会背景下，产生了极大的社会影响力，并促动了全国自由职业的广泛展开。

圆明园画家村，也因批评家栗宪庭先生的理性分析，陆续产生了“玩世现实主义”“政治波普”“艳俗艺术”等史无前例的新艺术表达方式。这些以关注时代为核心的艺术思想，为之后的艺术大繁荣做出了榜样。

不难发现，圆明园画家村的出现不仅是一个艺术现象，更重要的是它代表着一种对当时国家“主旋律”文化的“背叛”。或者如栗宪庭所说，它的意义在于生活方式上的独立，即不按照“有国家单位”那样独立的生存，在一定程度上可以摆脱意识形态在组织上的控制，以致形成一股不容忽视的社会力量（栗宪庭，2005）。需要注意的是，这种“生活方式上的独立”并不纯粹，“不容忽视的社会力量”的思想来源相当程度上并非来自我国，而是西方。

一方面，新兴的视觉艺术流派（也称前卫艺术、先锋艺术等），正如栗宪庭和刘淳（2000）在《回顾中国前卫艺术》的访谈录里所说的，实际上来自西方：

说到中国的前卫艺术，我们无法摆脱西方的话语。中国的前卫艺术始于七十年代末，实际上是改革开放之后我们看到了西方的主流艺术……我们是在接受了西方的主流艺术冲击之后，来搞自己的前卫艺术的。

另一方面，艺术品虽然买卖不多，但是，有限的销售也多是卖给境外的画商的。比如，有画家村“村长”之称的画家伊灵，1988 年将自己全部的 118 幅画卖给了韩国画商（汪继芳，1999）。可以说，当代艺术从创作到销售都深深地依赖于国际因素。因此，圆明园画家村实际上是在国际因素的支持和国家因素的阻碍两种力量共同作用下发展的。

此外，我们还可以注意到城市层面的艺术院校、一般院校，以及社区层面的文化遗迹、文化景观也是圆明园画家村的缔造者。前文已经提及画家很多来自艺术院校的毕业生，艺术院校对画家村的重要性不需多提。从“中国前卫艺术之父”栗宪庭对圆明园画家村形成原因的叙述中我们可以看到更多内容：

画家们怎么会在那里聚集起来，我想有很多客观的东西：他们要走自由职业的道路，但同时这些人又不是大款，圆明园房费较低，房子大，好画画，又在文化区，离清华、北大近。可以在学生食堂就餐，北大很多学生也在那里租房，学生和他们互相串，文化人之间相互都愿意接触（汪继芳，1999）。

很明显，除了房租的经济因素外，文化人的相互接触也十分重要，而北京大学、清华大学等院校则提供了这种便利。

虽然栗宪庭认为圆明园的遗迹不是形成画家村的原因，但是，另一位圆明园画家村的批评家和画家杨卫（2005）却认为，圆明园这一特殊文化遗迹对于画家村的形成作用也不容忽视：

圆明园废墟也有着特殊的纪念意义，因为它见证了近代以来中华民族受屈辱的沉痛历史，所以，也就作为一种凭吊，成了我们痛定思前、百废俱兴的象征。

由此，我们可以清晰地看到圆明园画家村面临的社会文化环境。从国际层面上看，其不仅位于国际都市——北京，还靠近外国人聚居区；从国家层面上看，清华大学、北京大学以及圆明园遗址都属于政治敏感区的标志，因而面临与“主旋律”文化的冲突；从城市层面上看，北京大量的艺术院校和普通高校提供了大量的艺术人才；从社区层面上看，文化人之间可以有良好的交流，同时圆明园遗址成了凝聚艺术家某种精神的象征。以上四个尺度中，国际、城市和社区层面均有利于画家村的发展。然而，在国家层面，圆明园的社会文化区位十分敏感，处于“主旋律”文化意识形态强势区位，而这是与前卫艺术“自觉的脱离体制”和强烈的西方背景相冲突的。终于，在 20 世纪 90 年代中期，双方的冲突到了无可妥协的地步，圆明园画家村不得不最终解散。

（二）解散

圆明园画家村人数最多时曾达到 300 多人，然而就是在其人气最旺的时期，其内部也出现了一些危机。首先是画家村日益热闹，严重干扰了画家的创作。大约在 1994 年时，一些艺术家希望到更加安静的地方从事艺术创作，于是他们将工作室迁到了远在北京东郊的通州宋庄。然而，当时搬到宋庄的画家人数是很少的，圆明园画家村也没有因为少数人的撤离而失去活力。真正的危机来自政府的压力，我们可以从直接导致圆明园画家村被勒令解散的“撒尿事件”追本溯源。

1995 年，圆明园画家村正处于鼎盛时期，被认为是中国前卫艺术的革命圣地。5 月 20 日左右，画家张东在一家名叫“贵州餐馆”的饭店里，当着十几位食客的面，在餐桌上撒了一泡尿，并引起了艺术家之间的斗殴。随后，张东先后两次被公安部门以“流氓行为”罪名拘留收审，并直接导致了圆明园画家村群体遭到勒令解散。2005 年年底，画家胡月朋（2007b）找到了“撒尿事件”的“主角”——张东回顾了那段往事。按照张东的叙述，“撒尿事件”不过是政府拆散画家村的借口罢了：

我们还是要讲一下当时的社会背景……圆明园画家村又因为靠近北大、清华这样的知识心脏一样的位置，政府当时就有要清走这些人的意向。总是要找个借口，什么借口呢？就有片警到村里去问，有人说到政治、打架和我，最后可能有人就说是张东在公众面前耍流氓行为的这件事情上了。

以上只是张东的一家之言，虽然笔者在和艺术家聊天过程中也听到过类似的信息，但是，圆明园画家村的解散因为可能涉及的政策因素，具体的情况也许难于被真正发现。不过，这并不是最重要的，重要的是圆明园画家村的解散可能暗含着某种较为普遍的“规律”。于长江（2007）在《都市化、艺术化与艺术群落》一文中从社会学角度对前卫文化活动区位进行的分析在某种程度上就是对这一“规律”的解释：

在中国传统的地域格局中，这类另类前卫的文化活动和行为，往往不是发生于政治中心的首都，而是生成于工商业繁荣的经济中心城市。比如明末、清末的苏州、杭州、扬州等，产生很多“怪才”“奇才”，但这类圈子的活动和领域，要相对游移于现实社会之外，跟主流社会形成一种“井水不犯河水”的隔离，这样二者之间才会“相安无事”。至于北京这样的大都市，本身具有高度的政治象征意义，其方方面面都被视为一种政治合法性的源泉，如果这里不断出现异端另类偏激的创意取向，普通大众就会在伦理和政治认知上陷入混乱，因此在传统道德本位的社会，北京通常不会产生太过激进的艺术流派。

但当代的情形发生了很大的变化，由于现代城市化浪潮同时覆盖了所有城市，连北京这种传统和当今的政治中心，也笼罩在全球一体化的“都市化”浪潮中，甚至成为世界城市化体系的一个节点，而伴随着这种“现代性”（或“后现代性”）的扩张，传统的社会壁垒被打通，前卫艺术这种本来属于“江湖之远”的现象，却要移植到北京这个“庙堂之高”的“帝都”框架中……这几种不同的逻辑交织在一起，充满悖论，必须找到一种兼容和妥协的结果。

根据以上表述，我们可以发现前卫文化活动从传统地域格局向当代地域格局的转变：原本处于“江湖之远”的“异端”、前卫文化，不可能在作为政治文化中心的首都存在，然而当代的前卫艺术却硬是移植到我国的政治中心之中。作者将这种转变归因于全球化的影响，有趣的是，这与本书中总结的中国创意产业的“社会文化区位”在很大程度上不谋而合。北京，既是门户城市，集聚了各种国际因素（特别是外国使馆和外国人），受全球化的冲击最为明显，已经成为中国前卫艺术的根基；同时，作为政治中心，它承担了维护旧有格局“主旋律”的功能，因而两种力量必将进行博弈，最后求得一个折中。理论上，根据中国创意产业的“社会文化区位”，两种力量的相互妥协可能会产生两种结果：北京之外的城市和北京的边缘地区。由于国际层面的外国画商、国际艺术风格（很多依托于外国使馆和高规格的艺术院校）等因素在国内其他城市很难达到同样的标准，艺术家和艺术社区不到万不得已绝不会离开北京这块“风水宝地”，这样，实际的结果是第二种：前卫艺术必将位于北京的社会文化边缘地区。因为只有这样才能既满足国际化的要求，又对“主旋律”作出妥协，两者之间得到平衡。

圆明园这一充满历史意义和现代内涵的特殊地区，显然并不是理想的平衡点，或者如于长江（2007）指出的圆明园画家村的存在本身就是一个“边缘误解”：

> 圆明园位于北京的北郊，但它并不是真正的“边缘”，因为在社会文化意义上，这里是现实与历史的一个交汇点，也是各种社会势力都高度集中的社会空间。
>
> 圆明园——这个被不断赋予各种历史和现实价值的废墟——本身就承载了太多太多的“含义”，几乎代表了中国人近现代的所有国仇家恨，所以它与北京的中心，诸如天安门广场等，从来就不遥远。而20世纪80年代以来，在这种不能承受之重的历史胜迹周边，又簇拥了一群正在努力争当“世界第一流”的北大、清华等学府，还兴起了当今世界最炫目、最前卫的产业——IT产业。

正是在这样激烈的文化冲突之下，圆明园画家村于1995年被政府解散了。然而，只要国际层面、城市层面有助于前卫艺术的因素还在起作用，艺术社区就不会在北京彻底消亡。事实上，圆明园画家村解散的同时，一些新的画家村或艺术区正在孕育当中。

二、宋庄

圆明园画家村解散后，画家们各奔东西。有些出国发展，有些散居城里，更多的人迁移到了北京其他较为偏僻的地方，如东坝河和宋庄。按照栗宪庭（2001）的回忆，1997年，不少圆明园的艺术家从东坝河和其他地方陆续来到宋庄和通州城的滨河小区。随之，通州区宋庄作为艺术家的聚集地（图3-2），再次成为海内外的一个新闻关注点，此时，慕名而来的艺术家几乎进驻了宋庄镇的所有自然村。

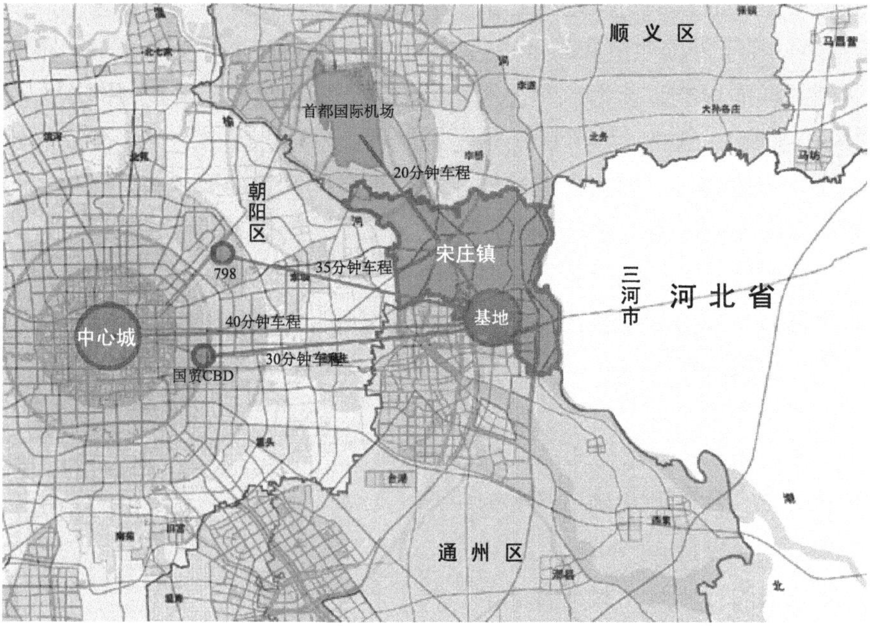

图3-2　宋庄艺术社区在北京的位置（图中的“基地”）

资料来源：宋庄文化创意产业集聚区管理委员会（2008年）

在于长江（2007）看来，宋庄处于北京社会文化的边缘，是前卫艺术的绝佳区位，这是它能够留存下来的主要原因：

宋庄及其所在的通州（县）不仅在地理上处于“城乡结合部”，而且在社会文化意义的“城市－现代秩序”的边缘，介于“北京”与“非北京”之间——原来常常被视为狭义的“北京”之外，但是跟北京又有密切的联系——就当时画家自身的感受而言，这种“既是北京又不是北京”的两可的状态，正是一种最佳的处境。

画家们初到宋庄，并非人人都很适应这里，毕竟偏远的环境远离了喧闹，同时也远离了城市生活，比如，在笔者访谈中，有艺术家对离开圆明园画家村，最后搬到宋庄的历程做了如下的回顾：

在北京的各个角落开始躲藏，当时有一部分人去了宋庄，但是我们不想离开，因为1994年的时候跟他们来过宋庄，当时的宋庄太偏了，当时一想来宋庄还不如回自己老家，毕竟还是在城市里边，所以没敢来……本来圆明园大家庭可以沟通，现在就剩两三个人了，天天喝闷酒，很颓废的那种状态，没有生存的出路，那样耗了一年实在不行，问我姐借了一点钱，去了宋庄……当时的宋庄大概有三十几个人，全部都是从圆明园画家村那里过来的。

当时，宋庄的社会环境也并非十分理想，警察对那些“过于前卫”的行为艺术以及绘画作品仍时有干涉，宋庄艺术群落的“核心”小堡村还一度规定不允许再把房子租给艺术家。然而，毕竟这里远离了政治中心，处于北京的边缘，艺术社区最终还是留存了下来。到了21世纪，整个中国社会的文化氛围日益开放，前卫艺术逐步得到了官方的默认。特别是随着“文化产业”概念的提出，地方政府逐渐认识到前卫艺术中蕴藏着潜在的经济利益，于是对前卫艺术的干预也就越来越少。这从宋庄一位老资格的艺术家的叙述中可以明显地感觉出来：

你看随着时间的发展，不光不是封掉，现在（从2005年开始）我们做展览，他们（警察）来做保护，就是维护社会治安……

近年来，随着中国当代艺术品市场的日益火爆（部分原因是国际资本的大量介入），宋庄的画家也越聚越多。根据宋庄镇统计，到2008年，宋庄艺术社区已经涵盖周边22个村，电脑注册的艺术家已经达到2500多人（实际人数可能达到近3000名），艺术馆12家，画廊66家，形成了相当的规模。

并非所有艺术家的画作都能卖个好价钱，根据艺术家透露，赔钱的甚至占大部分。因此，不断有艺术家搬离宋庄，但是，怀揣着艺术理想和致富梦想从全国各地新搬来的艺术家更多。在笔者访谈中，有艺术家直言，是宋庄流传的一些“传奇”不断吸引着想出人头地的艺术家们来到宋庄。当原本默默无闻的艺术家的画作被某个国外艺术机构或者大收藏家看中的时候，他们不仅一夜暴富，同时名利双收的若干经典故事成了艺术家们投奔宋庄的巨大动力。只有宋庄，只有北京，才有数量最多、层次最高的国际艺术基金和国际画商，才能给这些艺术家们提供成功的潜在机会。

当然，这绝不是宋庄吸引力的唯一来源。事实上，也有很多艺术家没有这样的理想，他们把自己的画作定位在价格较低的水平，加上艺术修为具备一定的功力，作品较为出色，也能获得不错的收入，从而维持在宋庄的生活和工作。他们来到这里更多的是为了找到同伴，找到一个可以沟通交流的文化氛围，如某位艺术家所说：除了它的经济，更有彼此之间的一种认同。

三、“798”艺术区

说到宋庄，就不能不提北京的另一个艺术社区——“798”。宋庄的偏僻给画商和收藏家的拜访带来了一定程度上的不便。大约在2001年以后，在北京首都机场高速公路旁边，一个叫做“798”的艺术区突然兴起。“798”是原“北京华北无线电联合器材厂”，即718联合厂（包括706厂、707厂、718厂、797厂、798厂及751厂）所在地。2000年年底，相关工厂重新整合为七星集团。为了响应城市规划的需要，企业迁出一些产业，空闲出一批厂房。

从2001年开始，一些艺术家陆续发现此处对于从事艺术工作独具优势，便开始在这里集聚。他们对原有的具有德国包豪斯建筑风格（厂房高大、采光好）的厂房稍做装修，即变为富有特色的艺术展示和创作空间（图3-3，图3-4），形成了“798”艺术区。这里艺术氛围浓厚、艺术品销路甚好，艺术家、画廊、艺术公司越聚越多，名声也越来越大。到2007年左右，“798”已经引起了国内外媒体和大众的广泛关注，并成了北京都市文化的新地标，甚至与故宫、长城并列，成为外国游客到北京旅游必去的三个观光场所之一（宁泽群，金珊，2008）。

与宋庄有所不同，“798”艺术区集聚的画廊和各种商业机构非常多，画商、记者等非艺术创作人员往来频繁。“798”艺术区与位于北京更加东部的宋庄遥相呼应。有画廊经理指出“798”艺术区70%～80%的画

图 3-3　“798”艺术区大门

资料来源：笔者实地拍摄

图 3-4　“798”艺术区内具有包豪斯风格的厂房

资料来源：笔者实地拍摄

作出自宋庄，有点类似于香港和广东地区制造业的“前店后厂”模式。宋庄和“798”艺术区代表了两种不同功能的艺术社区：以集聚艺术家为主的原创艺术区和以集聚画廊为主的艺术品交易市场。前者主要分布在大城市的郊区以及自然风光有特色的地区，如北京的宋庄、上苑，四川都江堰的聚源等。后者主要集中在城市内部工业衰退后的老厂房之内，以北京的“798”和上海的“M50”艺术区为代表。目前，这两个地方有为数不少的艺术家，画廊的比例越来越高（表 3-1，表 3-2），成为最著名的艺术品交易一级市场和所在城市旅游观光的标志性场所。宋庄、上苑等艺术家集聚区地处偏僻，艺术品交易市场与此相反，需要较为方便的交通以提高艺术品买家的可达性。例如，“798”艺术区位于北京东北首都机场高速公路附近，“M50”艺术区距离上海火车站步行仅要 10 分钟。

表 3-1 “798”艺术区各类机构

机构	数目 / 家 *	占比 /1%	数目 / 家 **	占比 /%
画廊	120	47	74	45
工作室	69	27	43	26
公司	29	11	22	13
饭店或咖啡屋	17	7	6	4
其他	21	8	20	12
总计	256	100	165	100

* 根据“798”艺术区《TimeOut》杂志中的“798”地图而得；

** 根据“798”艺术区政府管理办公室提供的资料而得

表 3-2 “M50”艺术区各类机构

机构	数目 / 家	占比 /%
画廊	29	24
工作室	54	45
公司	35	29
饭店或咖啡屋	1	1
其他	1	1
总计	120	100

资料来源：根据艺术区官网 http：//www.m50.com.cn 的相关介绍整理得出

艺术品市场的区位选择受本地的自然环境、制度环境、文化氛围等多方面的影响。同时，在全球化的今天，像大多数行业一样，艺术品市场区位也与国际因素密切相关。特别是，视觉艺术行业中的主流是发源于西方的当代艺术，相对于古典的中国画，可称为“嫁接”到中国的艺术，国际因素对其影响更加强烈。根据调研，我们发现当代视觉艺术作品的买家多为中国内地以外的人士，距离外来人士密集区的距离是限制当代艺术交易市场发展的一个重要因素。比如，“798”艺术区不仅位于首都机场高速公路附近，同时距离北京的几个使馆区（亮马桥、三里屯、日坛）都比较近（图3-5）。“M50”艺术区距离外国人聚居区距离适中，其市中心的地理位置也不会造成外国买家前来访问的任何障碍。艺术家李象群对“798”艺术区的介绍为此提供了有力的证据（李雪梅，2006）：

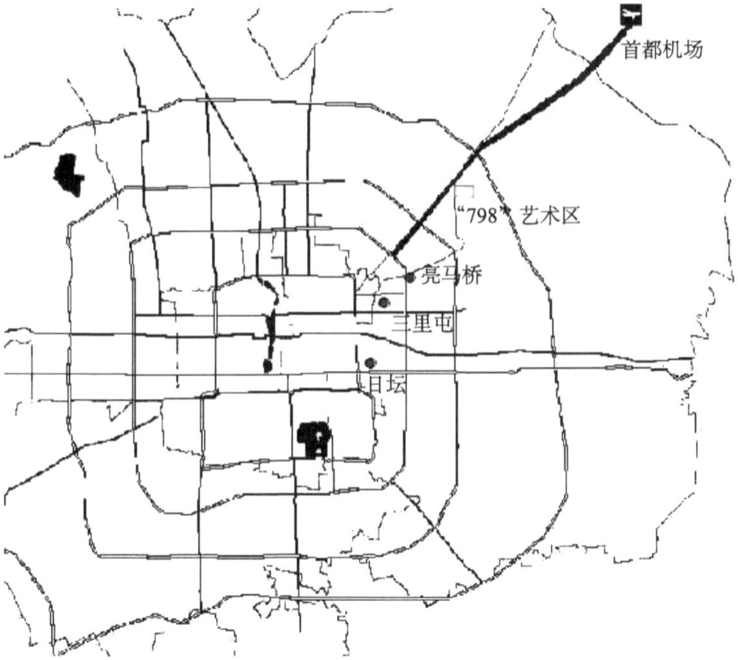

图3-5　北京“798”艺术区的微区位与对外联系

资料来源：笔者根据北京市地图绘制

“798”的条件是其他地方不具备的。“798”位于朝阳区，这里离首都机场、艺术学院、东部新的使馆区、CBD都很近，这意味着它更容易走向国际化。以前艺术家比较集中的地方像宋庄等地，位置比较偏远，而且那个地方是属于内向、封闭型的，“798”是开放和外向型的，是展示给大家看的，所以能留住人。

根据“798”艺术区建设管理办公室提供的资料计算得到，在“798”艺术区165家艺术机构（包括画廊、工作室、公司、饭店和咖啡屋等）

中，84%的来自中国内地，7%的来自东亚其他国家和地区，8%的来自欧洲，1%的来自其他大洲。这些国际画廊往往是国外画廊在中国的分支机构，由于中国视觉艺术，特别是当代艺术的市场尚处于起步阶段，其收入往往以国外画廊为主。建在中国的画廊更多的是作为联系本地艺术家的手段和看好今后升值空间的一个提前投资。

由于中国在视觉艺术领域的影响力较西方还有较大距离，国外艺术家直接到我国内地从事艺术创作的人数很少，影响有限。但是，很多建在中国内地的国内外画廊都代理了一些世界知名的国外艺术家的作品。以北京“798”艺术区为例，笔者通过对11家画廊[①]网站资料的整理，统计了这些画廊代理的156位艺术家来自的省（自治区、直辖市）或国家。结果显示，本土艺术家来源地涵盖了除西藏和新疆外中国内地其他29个省（自治区、直辖市）；另外，还有少数代理艺术家来自法国、瑞士、美国等西方国家。随着近年中国艺术市场的崛起，国外艺术家到中国作展也变得日益频繁，这些无疑促进了本地艺术与西方艺术的交流。

此外，国际层面的影响因素还有国外政治家的访问、国外媒体的报道等，它们对艺术区的发展和保护都起到了不可忽视的作用。比如，由于地价上涨，“798”艺术区的房东——“七星集团”曾经一度准备将艺术区拆除，建设商务楼，从而获得更高的经济回报。据说在“798”艺术区处于危难之际，西方政客的造访一定程度上保护了艺术区，使其保留了下来。笔者对此求教于一位艺术家（同时也是画廊经营者、网站管理者），得到了肯定的答复：

> 德国总理、法国文化部部长等西方政客都曾经来到这里，向政府提议保护“798”。

可以说，中国前卫艺术一定意义上是在社会文化环境矩阵中国际尺度的社会文化因素主导下发生发展的。

四、小结

在不同地理尺度的影响因素中，国际和国家尺度起到了核心作用。

① 在北京“798”艺术区网站上，仅可以查到这11家有艺术家介绍的画廊的网址。

来自西方的价值观念和意识形态与它们的载体——国际画廊、画商、艺术家等与本土“主旋律”的价值观念和其载体政府部门、传统观念的“卫道士”相互冲突。最终，二者博弈导致了艺术区的区位及其迁移。圆明园画家村、宋庄和“798”三个艺术区[①]的产生和演变过程充分说明了这一点。

圆明园画家村由北京艺术院校的毕业生发起，由于外国画商的光顾、各种文化人的光顾而发展，最后可能因为政府部门的强力介入而消失。

宋庄艺术区由那些偏爱安静的创作环境的艺术家发起，由于圆明园画家村解散而流落的画家的加入而不断壮大；随着当代艺术市场的蓬勃发展，特别是西方艺术基金进入宋庄以及所造就的若干“一夜成名、一夜暴富”的神话而兴旺发达。

“798”艺术区，老厂房独特的包豪斯建筑风格具有采光好、空间大的特点，吸引了艺术家最初的光临；临近使馆区，吸引了很多外国收藏家、画商、画廊以及游客；靠近艺术院校、具备良好的销路、交通便利等，吸引了越来越多的艺术家；因为国际媒体、政客的报道和访问，在海内外声名大振，不仅在艺术领域发展壮大，甚至在国际上成了北京都市文化的新地标。

总之，圆明园画家村虽距离政府部门较远，但是靠近清华大学、北京大学、中关村等政治文化的中心，并非艺术区的最佳区位；相反，宋庄、“798”艺术区尽管没有圆明园画家村那样多的文化人，但是因为区位更容易被国家（政府）所接受，最终留存下来，又由于在国际、城市和社区尺度社会文化环境的优势得以发展壮大。

圆明园画家村和“798”两个艺术区都位于北京外国人聚集区附近，这无疑为国际层面的因素进入艺术区提供了很大的便利。宋庄虽然远离外国人聚集区，但是这里与圆明园画家村和“798”艺术区不同，主要是艺术品的生产基地而不是销售场所。宋庄的吸引力更多的来自那些著名的艺术家，以及频繁光顾这里的国际艺术基金，而这些都不一定紧邻外国人而居。

最近，随着首都钢铁公司迁址到河北，原有的工业遗址作为历史遗迹保存下来，政府将其规划为文化创意产业集聚区，并给予了优惠政策。

---

① 北京艺术区，远不只圆明园画家村、“798”和宋庄三个，但是无论从规模还是影响上来看，它们的确是北京最引人瞩目的艺术区。

有传言已经有艺术家打算到那里建立艺术工作室或画廊。那么首都钢铁是否有机会成为北京的下一个像宋庄、“798”那样的艺术区呢?

就首都钢铁公司而言，首先，它不具备圆明园画家村和“798”艺术区靠近外国人聚居区的优势。由于当代艺术消费者主要来自西方，一般情况下，这里难以发展为艺术品市场。其次，目前首都钢铁缺乏大艺术家的入驻。由于许多国际知名的当代艺术名家已经在宋庄扎根，同时，各个层次的艺术家已经在宋庄大量集聚，规模效益明显，十分有利于艺术家的创作、生活，以及画商和收藏家的购买，因而首都钢铁也没有这方面的优势。最后，更为重要的是，首都钢铁是我国最重要的国有企业之一，像清华大学、北京大学一样，在某种程度上带有主流意识形态的色彩。作为异端的当代艺术在这里发展，很可能会遇到激烈的政治文化冲突。正是如此，笔者认为这里发展为其他文化创意产业集聚区也许存有可能，但发展为当代艺术社区的可能性不大。

第三节　北京美术产业空间的演变

一、美术产业空间的演变：艺术相关的绅士化

自 20 世纪 60 ～ 70 年代以来，先后在纽约、伦敦、柏林、汉堡等西方城市的更新过程中，出现了所谓的“绅士化”现象。其中一些是与艺术紧密相关的，即艺术家常常作为绅士化的先驱和代理者，进入劳工阶层居住区，特别是工业衰退之后的老厂房，推动社区文化的兴盛，进而带动经济繁荣，最后又吸引了收入更高的阶层入住。21 世纪初期以来，我国北京、上海等大城市也开始出现类似的现象，本书通过回顾国际城市艺术相关的绅士化的几个案例，主张完善某些法律和规章制度，建立相关主体的利益协调机制，走一种注重地方文化资本积累的不完全的绅士化策略，是解决我国城市艺术相关的绅士化过程中各种争议的关键。

“绅士化”这一名词是 1964 年鲁思・格拉斯（Ruth Glass）在描述伦敦内城一些街区经过改造后，由原本劳工阶层的居住区转变为被中产阶级所占据的价格昂贵的商业区和居住区的现象时提出的。国外学者对绅士化已经有了较多的研究，其涵盖大城市的绅士化、乡村的绅士化、旅游绅士化等内容（Smith，2002；Phillips，1993；Ley，1986；Ley，Sunley，2003）。

国内学者也做出了一些研究，比如，朱喜钢等（2004）以南京为例、何深静等（2011）以广州为例对我国城市中的传统绅士化、新建绅士化、乡村绅士化和学生绅士化等多类绅士化现象进行了探讨。本书主要关注的是大城市内存在较多的一类特殊的绅士化现象，即艺术家常常作为绅士化的先驱和代理者，进入劳工阶层居住区，特别是工业衰退之后的老厂房，推动社区文化兴盛，进而带动经济繁荣，最后又吸引了收入更高的阶层入住的现象，它被一些学者如 Harris（2012）称为与艺术相关的（art-related）绅士化。国外已有一些学者对此进行了论述，比如，朱克英（Zukin，1982）最早注意到这一现象，对曼哈顿低地（Lower Manhatton，苏荷区是其核心）的以阁楼居住为特征的艺术区的形成做出了分析。还有雷（Ley，1986）对加拿大温哥华和多伦多等大城市艺术绅士化的分析，指出文化资本不得不被经济资本所代替，艺术家最后不得不退出，具有更高经济实力的阶层将入住等。但在国内的研究中，针对艺术相关的绅士化的分析仍然鲜见。

艺术相关的绅士化在世界各大城市屡见不鲜，但是在各个城市，乃至各个绅士化的区域，造成的社会影响、引发的公众反应大不相同。比如，在纽约的苏荷区，政府的政策经历了对艺术的排斥到接纳到保护，再到允许其他商业的进入，导致艺术区向商业区的绅士化的转变。在柏林和汉堡，由于绅士化过程中，对于公众利益考虑不周，引发了“城市社会运动”，造成了以艺术家和文化从业者为核心的公众的强烈反对，最终，相关规划不得不做出重大调整。与此相反，在伦敦东区的霍克斯顿的绅士化过程中，艺术家在某种程度上成了绅士化的积极推动者，他们先是通过打造“都市田园”的艺术景观和文化氛围，提升了区域的文化声誉，进而一些艺术家还主动转变为房产的经营者。虽然最终艺术家大多迁离了这一地区，但是整个绅士化过程既没有对原有的建筑进行大规模的拆建，也没有形成尖锐的社会矛盾。

以上西方城市的经验，对于我国城市，特别是北京、上海等大都市具有明显的借鉴意义。在以“798”为代表的艺术区，艺术家与房产经营者、政府之间的合作和博弈关系，以及由此引发的各种争议屡屡见诸报端，成了摆在政府和社会面前的一道难题。本书通过回顾几个代表性的西方城市艺术相关的绅士化，主张完善某些法律和规章制度，建立相关各方的利益协调机制，走一种注重地方文化资本积累的不完全的绅士化策略，是解决这些问题的关键。

二、艺术相关的绅士化之国际经验

（一）艺术相关的绅士化的先锋：纽约苏荷区的变迁

第二次世界大战之后，纽约开始成为世界艺术和时尚之都，与之相伴随的是，它开启了艺术绅士化的先河，其代表案例是苏荷区的变迁。苏荷区位于纽约曼哈顿岛的西南端一块占地不足0.17平方英里的区域上，在工业时期为纽约的钢铁生产基地。在20世纪50～60年代，工业衰退之后，空置的厂房以及低廉的租金吸引了大量艺术家陆续涌入，他们将这里原来破旧的厂房仓库改造为便于其生活和工作的阁楼（loft）。艺术家们精心设计，将阁楼分割为居住空间、工作空间，以及店面和作品展览空间，使其既适宜居住，又适宜进行创作和展出。

20世纪60年代，洛克菲勒财团计划斥巨资打造新的苏荷区：通过建设全新的建筑、办公楼和豪华公寓，打造新的都市景观。但这遭到了聚居于此的艺术家的一致反对，他们主张这里的建筑是纽约历史上的优秀的文物古迹，也是艺术家们精心创造的艺术空间，对于城市发展具有重要意义，应当得到保护。在这样的背景下，1965年纽约成立了古迹保护委员会，将包括苏荷区在内的九百栋古建筑和五十多个历史街区列入了保护名单。1973年，苏荷区被确定为文化艺术区，成为重点保护区域。

与此同时，这里独具风格的建筑、优美而富于特色的画廊和工作室，吸引了大量游客的光临，苏荷区成为纽约极具特色的文化旅游区，以至于苏荷区的声望和艺术氛围对其他中产阶级的“绅士”形成了巨大的吸引力。20世纪80年代，出于增加财政收入的考虑，纽约市对苏荷区的一些限制逐渐放宽，很多律师、医生、银行家、高级经理人员等非艺术界人士也开始入住苏荷区，随后专卖店、高档酒店、咖啡馆、连锁商场等接踵而至。其结果是苏荷区的租金和房产价格日益上涨，商业气息增加的同时，艺术气息持续下降。这样，许多艺术家不再能够承担高昂的租金，转而搬到了附近的格林尼治村、东村、小意大利或者其他地方，现在苏荷区居住的是更加富裕的律师、医生、银行家等高层次的“绅士”。

值得注意的是，在苏荷区绅士化进程中，部分艺术家曾获得这里房产的所有权。艺术家乔治·麦修纳斯于1967年创办了弗勒克斯豪斯公司，积极与苏荷区的房东进行接触，以集体筹资的方式买下了 17 幢建筑。之后，麦修纳斯又将手头的房产全部以平价出售或出租给艺术家，对维护苏荷区的艺术氛围和保障艺术家的利益做出了非常积极的贡献。

苏荷区的发展历程表明，绅士化的不断推进对于城市发展可能是无法避免的。在这一过程中，艺术家如果能够在早期获得一些房产的所有权，则可能对艺术家自身利益的保护和艺术区文化氛围的维护发挥积极的作用。

（二）艺术相关的绅士化引发的冲突：来自柏林和汉堡的案例

艺术相关的绅士化早在 20 世纪 60 年代即已开始。21 世纪初期，在哈特利（Hartley）和佛罗里达（Florida）等新自由主义学者的倡导下，“创意城市”概念及相关政策在欧美地区得到了广泛的传播，产生了艺术相关的绅士化的新一轮高潮。这一学说被一些地方的政府和房地产经营者应用到对城市更新的解释中来，他们声称为了吸引创意阶层，推动城市发展，需要改造城市落后的基础设施，提升城市的便利性，进而推动城市中心区完成绅士化（Novy，Colomb，2012）。

德国两个最大的城市柏林和汉堡即是如此，城市管理者借助创意城市和创意阶层的概念，希望通过推动大规模的拆迁，改造城市环境，提升城市形象，吸引高等级的社会阶层。这一政策直接导致了社会不公现象的发生，引发了城市社会运动。作为创意阶层概念的核心，艺术家和文化生产者非但没有支持政府的这些所谓提升城市创意环境的改造运动，相反，他们积极参与到城市社会运动中，对于只关注经济增长，损害公众利益的公共政策提出了抗议。他们熟悉信息技术和网络，同时利用自己的文艺特长，采用了舞台、音乐和媒体的话语，以丰富的形式扩大了影响，吸引了公众更广泛的注意力。

1. 柏林

2000 年，“创意城市”这一名词进入柏林，2001 年和 2004 年两家大型的媒体和音乐集团——“全德国音乐”和“中欧音乐电视”先后迁址到河东岸港口仓库改建的建筑里。之后，一个叫做“柏林媒体狂欢”（Media Spree Berlin）的私营公司成立了，提出建设名为“媒体狂欢”（Media Spree）的项目。2005 年，这一公司转型为一个公私合营的非营利组织，开始推动这一地区转变为一个“创意集群”。该计划受到了柏林参议院的大力支持，一些归城市所有的土地和空置的厂房、仓库被大量销售，产生了大规模的拆迁计划和接近水域地区的私有化。但这引发了公众的强烈反对和大规模的抗议示威。反对者在6个月的时间内就收集了大量公众的签名，达到了当地法律规定的数量，逼迫政府不得不对该项目举行全民投票。2008年7月13日，公民投票的结果显示绝大多数公众对这一项目存有异议，项目的总体规划不得不在一些方面做出重要修改，比如，距离水域至少50米以及所有的建筑不得超过22米等。

之后，名为“超级狂欢”（Megaspree Project）的项目再次引发了公众的抗议，包括来自政治的、生态的和社会的团体对当前的这一城市改造和绅士化过程进行了抗议。这次抗议活动甚至不再局限于个别项目，而是对柏林参议院整体的城市发展政策，特别是针对绅士化、社区网络的破坏、公共空间和公共物品的私有化和商品化等问题提出了强烈的反对。

2. 汉堡

与柏林一样，汉堡也出现了一轮绅士化运动。在不断强化的社会空间极化，广泛的私有化、解除管制和市场化努力的背景下，汉堡政府声称城市需要增长，连续多年在供给方面给予了大量的投资，建设了一批项目，以期符合创意城市理论的模型，将汉堡打造成为高便利性的城市。这些项目将艺术和文化作为城市发展和经济增长的催化剂，典型的如文化主导的红灯区的绅士化、2013年在汉堡的易北河岛召开的国际建筑展览会等。与此同时，城市的音乐和文化景观不断被政府包装为吸引游客和潜在的创意者的标志。

2009年，汉堡爆发了一系列针对城市更新活动的抗议。第一个重要抗议活动是针对商人和地方政府的，因为他们试图拆除靠近港口的一个工人阶层邻里的临时住房，将其改造为一个高级的居住社区。在这个抗议活动中，艺术家和其他文化生产者发挥了关键作用，200位艺术家和活动家占据了仅存的19世纪工人居住区的建筑“甘凯特”(Gängeviertel)。媒体、社会名流，甚至一些政治家对抗议活动表达了支持。最后，政府不得不选择向公众妥协，于2009年12月从荷兰的开发商手里以比卖出时候更高的价格买回了这一建筑。2009年10月，参与抗议活动的一些文化生产者撰写和发表了《不要以我们的名义》（*Not in Our Name*）的宣言，勇敢地批判了汉堡市政府以经济增长和城市形象建设为主要目标的创意城市发展策略，明确反对了佛罗里达（主张城市发展取决于以艺术和文化为核心的创意阶层，因而城市应该通过各种措施吸引这些人群）的政策建议，以及城市营销话语。

柏林和汉堡的城市社会运动的支持者有一个共性，就是他们都具有高度的文化资本：或者具有高学历，或者具有高度的创意技能。他们需要的生活方式和城市空间的特征应当是：社会文化相混杂的、有活力的、不完全绅士化的、商业化的以及不完全封闭的。在经济利益的驱动下和精英阶层的影响下，城市政府可能对此有所误读，以大拆大建为导向的发展模式引起了公众的强烈反对。这些问题的出现启示着合理的绅士化应当是适度地拆迁改造与保护传统文化建筑相结合，以平衡公众利益为导向，而非一味地追求经济增长。

（三）艺术相关的绅士化的良性发展：伦敦东区的霍克斯顿

绅士化不一定被贴上消极的标签。在伦敦的霍克斯顿，艺术相关的绅士化不仅没有强行将本地居民迁出，相反，在创造独特艺术声誉的同时，还引入了大量的商业，增加了本地的就业机会。那些最早到这里的艺术家也并非扮演了与开发商和政府对抗的角色，而是更多地体现出一种合作和共赢。究其原因，是因为霍克斯顿非正式地开拓了一套艺术家、居民、开发商和政府各方主体利益共享的方案，采取了一种不完全的绅士化策略。这些方案和策略保障了艺术家对于其创造的地方文化声誉能够获得一定的回报，以及本地居民对于就业和居住享有一定的空间。霍克斯顿绅士化的良性发展有三个关键因素发挥了核心作用，包括打造独特的地方文化资本、文化资本支撑下利益主体的合作以及留有一定空间的不完全绅士化策略。

1. 打造独具特色的地方文化资本

20 世纪 80 年代是艺术和创意园区非常活跃的时期。此时，“内伦敦”经历了去工业化，位于这一地区的霍克斯顿空余了大量厂房。霍克斯顿受到了政府和私人银行家的支持，他们资助艺术家在这里开辟工作室和画廊。90 年代，伦敦制造业减少了 65%的就业，闲置厂房的数量进一步增加，房产价格走低。这些未被使用的仓库和工场吸引了越来越多的视觉艺术家和服装设计师、平面设计师等其他创意者陆续来到这里，创造了霍克斯顿独特的地方文化声誉（文化资本）。

来到霍克斯顿的艺术家不仅得到了便宜的厂房、靠近市区中心的区位和大的活动空间，与此同时，这一地区甚至形成了一个新的文化生产者联盟，为艺术家们提供了一个新的社会空间认同。对那些渴望成功的艺术家而言，将自己打造为与伦敦西区这类传统艺术中心不同的、更为令人兴奋的和标新立异的艺术家具有独特的价值。艺术家们通过“悬挂的野餐”（Hanging Picnic）等活动将霍克斯顿打造为“年轻的英国艺术家”（YBAs）运动的中心和活动场所。与纽约的艺术区有很多人公开同性恋身份不同，霍克斯顿几乎全部由白人异性恋者组成，这里的艺术家创造了一种新的文化景观，沉浸在“都市田园”（urban pastoral）的景象中。很多艺术家将自己的艺术创作与伦敦内城的大众文化相结合。比如，艺术家卢卡斯（Sarah Lucas）居住在霍克斯顿广场，他在报纸的文摘中使用了特大的图片集宣扬田园文化，他在某些图片装饰有羊肉串、香烟、厕所和被打碎了挡风玻璃的汽车等。正是以这样的方式，艺术区追逐了“都市田园”的风格。

“田园”是传统的诗歌和艺术作品描述乡村环境和特点的代表性符号。20 世纪 90 年代，伦敦所谓的“年轻的英国艺术家”，对这种历史上的风光情有独钟，并且将自己的艺术创作与城市景观结合，打造了独具文化特色的霍克斯顿艺术区以及“都市田园”的艺术风格。霍克斯顿的这种独特的文化资本带来了艺术区的繁荣，吸引了高收入的中产阶级以及各种商业人士的目光，因而，为艺术家、房产经营者都带来了利益，并且转化为双方合作共赢的基础。

2. 文化资本支撑下的艺术家和房产商，以及政府的合作与共赢

与德国的柏林和汉堡相反，霍克斯顿的艺术家和开发商并非是对立的。首先，霍克斯顿的艺术家并不都是蔑视市场和对艺术的商品化的；相反，为了增加艺术区的价值，不少艺术家将“都市田园”作为一个品牌，利用媒体参与到对艺术区价值的报道和宣传中。其次，一些最早到霍克斯顿的艺术家成了开发商，利用他们的社会网络，在主流开发商认为具有较高经济风险的时候，出租工作空间给艺术家。这些由艺术家转型的开发商甚至还支持过约书亚·康普斯顿（Joshua Compston）的户外活动：1995 年，一个地产中介资助了康普斯顿的“悬挂的野餐”的活

动。他说服了伦敦周末电视做了一个半小时的纪录片，使得这一艺术活动吸引了广泛的公众注意力。《卫报》周末特刊用了几页篇幅对这一艺术社区进行了报道。

同样，艺术家和政府的关系在霍克斯顿也是相得益彰的。20 世纪 90 年代，英国政府重视城市更新的文化导向，认识到霍克斯顿地区波西米亚风格的文化。1992 ～ 1997 年，英国政府给予了 100 万英镑资助开发废弃的建筑和荒废的土地用作文化用途。

霍克斯顿艺术家和房地产的“合作”甚至延伸到艺术家撤离之后。20 世纪 90 年代，霍克斯顿从一个不知名的边缘化的区域转变为一个令人满意的居住区和商业区。与苏荷区的变迁类似，90 年代末，先是应用类艺术个人和公司，之后是建筑师以及从事其他商业的公司，为了分享这里的创意氛围，陆续来到这里。这样，大部分霍克斯顿的艺术家，除了少数承租人，都变得没有足够的经济资本以继续留在这一他们曾经帮助繁荣的地区。到 90 年代末期，几乎所有的艺术家都离开了。然而，即使在 1996 年艺术家康普斯顿去世以后，新的地产公司仍然强调霍克斯顿的艺术特征。2001 年，这里新的居住项目的宣传材料上仍然把霍克斯顿描述为“‘英国艺术’名流之家”。这一现象证明了即使艺术家已经搬走了，绅士化后的地区仍然可以享有“艺术形象”这样的文化资本，这可以为房产经营者和城市发展带来长久的潜在价值。

3. 留给工人社区活动空间的不完全的绅士化策略

霍克斯顿这一案例与马克思主义学者对艺术绅士化的解释形成了反差。马克思主义的研究首要的根据来源于纽约。在他们的文献中（Smith，1996；Zukin，1989），对于 20 世纪 80 年代的东村的艺术现象进行了分析。纽约市政府拥有 60%的东村土地的产权，通过加强对产权和房屋的控制，他们将其转给开发商，将大量的工人阶层逐出。相反，在霍克斯顿，从 90 年代初起，并没有工人社区的居民大量搬迁。艺术活动主要集中在以前的轻工业厂区（南霍克斯顿），北霍克斯顿的房子主要是公有的。2001 年，该地统计局的数据显示，北霍克斯顿的 58.4%的家庭仍然是租住管委会的房子。因而，可以说霍克斯顿采取的是一种不完全的绅士化策略。

在朱克英（Zukin，1982）对苏荷区的分析中，艺术家对这里的工业厂房进行改造后，这些空间不再被用作机械加工车间、印刷厂、礼服厂等工业厂房。然而，在霍克斯顿的艺术家大量流动的20世纪90年代，一些工业活动，比如，纽扣生产、印刷和专业的裁剪，在大规模搬迁的压力下仍然可以很好地生存。因此，绅士化不一定是被驱赶出去，也可以是自愿地迁徙。霍克斯顿是一个成功的内城再开发和社会融合的案例。在这里非但是本地人没有被驱赶出去，而且就业率还增加了。

三、北京美术产业空间更新的典型案例："798"艺术区的变迁

（一）"798"艺术区的变迁

"798"艺术区中的艺术家、收藏家、游客有很大的流动性，画廊等各类机构的新旧更替也比较频繁，相关资料没有全面的统计。笔者除了通过期刊和互联网获得了大量二手资料外，还分别于2007年、2010年和2013年对"798"艺术区的艺术家、收藏家、政府工作人员进行了访谈。2007年的访谈，笔者考虑了受访者的工作性质、来源地等的影响（表3-3）。2010年、2013年笔者已经对"798"艺术区有了一定的了解，限于调研时间，选择了几个典型的艺术家和画廊经理进行了访谈。

表3-3　2007年"798"艺术区受访人员　　（单位：人）

地区	艺术家	收藏家	画廊经理	画廊老板	政府管理人员	"798"艺术网维护者
国外			1			
中国港澳台		1		1		
中国内地其他地区	1		2			1
北京本地	1				1	

1. 2007年及之前的"798"艺术区

1）艺术机构和艺术家

截至2007年4月，"798"艺术区已经有250余个画廊、工作室、公司、饭店等各类机构，其中艺术机构（画廊和工作室）占到了70%以上。与北京的宋庄、上苑等艺术家集聚区有所不同，在艺术机构中，"798"

艺术区画廊的数量（47%）明显多于工作室的数量（27%）。可以说，那时“798”艺术区已经成为以集聚画廊为主的艺术品交易市场，是中外游客购买艺术品的首选艺术区。

根据“798”艺术区建设管理办公室提供的资料计算得到，在“798”艺术区165家艺术机构中，84%来自中国内地，7%来自东亚其他国家和地区，8%来自欧洲，1%来自其他大洲。访谈中，有业内人士指出，这些国际画廊往往是国外画廊在中国的分支机构，由于中国当代艺术市场尚处于起步阶段，这些画廊的收入往往以国外画廊为主。建在中国的画廊更多的是作为联系本地艺术家的手段和看好今后升值空间的一个提前投资。

中国在美术领域的影响力较西方还有较大距离，国外艺术家直接到我国内地从事艺术创作的人数很少，但是，很多建在中国内地的国内外画廊都代理了一些世界知名的国外艺术家的作品。笔者通过对“798”艺术区11家画廊[①]网站资料的整理，统计了这些画廊代理的156位艺术家来自的省（自治区、直辖市）或国家。结果显示，北京本土的艺术家最多，占到了将近9%。艺术家来源涵盖了除西藏和新疆外中国内地其他29个省（自治区、直辖市），还有少数代理艺术家来自法国、瑞士、美国等西方国家。

2）艺术市场

限于专业背景和调研时间的限制，笔者对艺术市场状况的了解多数来源于艺术杂志和网络，少数来自对艺术家、收藏家的访谈。调研显示，在2007年，包括“798”艺术区在内的中国当代艺术市场存在两个显著特征：其一是艺术品价格飞涨，其二是高度依赖境外藏家。

自2004年开始，伴随境外资本的大量介入，以及之后中国本土资金的参与，很多本来默默无闻的中国当代艺术家的作品价值飞速增长。2005～2008年，中国当代艺术品在总成交额增加的基础之上提供了非常令人吃惊的回报率：中国当代艺术的价格指数增长了500%（学东，2009）。这种高增长有中国当代艺术受到藏家喜爱、收藏价值增长的原因。同时，也有部分原因是中国内地艺术市场尚不成熟，不是一个常态的发展。所谓常态的发展，是先有第一市场（画廊等艺术品直接交易）、

① 在2007年，北京“798”艺术区网站上，仅可以查到这11家有艺术家介绍的画廊的网址。

再有第二市场（拍卖），慢慢发展的一个态势。第一市场有了至少 10 年以上的积累、培育的过程，才能形成第二市场。第二市场的作品应该享有一定的声誉，它的价格有一定的增长。可是，中国内地先有第二市场，没有第一市场（真正的藏家还很少），所谓的收藏家普遍抱有炒作心态。正如笔者在“798”艺术区访谈的一位收藏家所说：“以前一家画廊都没有，就先有拍卖公司，拍来拍去，就是炒作心态，对艺术的不规范的心态。所以说中国内地市场到今天还是非常的不成熟。”

除了炒作之外，中国内地当代艺术市场的另一个特点是高度依赖于境外的藏家。在访谈中，绝大多数受访者指出，由于中国内地藏家对于当代艺术的收藏还没有形成传统，主要的收藏家是以境外的为主。很多本地人购买之后，最后还是会转手卖给欧美、中国港台地区的人士。

3）艺术风格

2007 年，“798”艺术区乃至整个中国艺术市场的作品以当代艺术（也称前卫艺术、先锋艺术等）为主。这是一种源自美国的艺术形式，它的突出特征是不注重写实，而是体现艺术家的观念和思想，常见的有“政治波普”、超现实主义等。当代艺术内部流派也有不少差别。中国当代艺术中，方力钧的玩世泼皮主义、张晓刚的新现实主义作品最受市场欢迎。除了这类作品外，笔者在 2007 年调研期间发现，“798”艺术区的艺术作品中很多是有关“文化大革命”和“毛主席”的“政治波普”类艺术品和有关“性”的艺术品。访谈中，有不少业内人士指出这类作品特别受国外藏家的欢迎，一定程度上有迎合国外市场的倾向，至少有 4 位不同的受访者明确地指出了这一点：

“‘798’艺术家比较多，什么样的都有，迎合的肯定有一些，甚至是一部分。”

“你看作品能看出来，你看‘798’很多展览是关于政治，或者性，你就会觉得它更商业一点，通过作品，也大概能够看到艺术家的思想。”

“这里洋派居多，当代艺术居多，商业化居多。他们已经失去了民族的灵魂。只是迎合外国人的喜好。”

“这边很多艺术品是有政治色彩的，‘毛主席’的、‘文化大革命’的。这也是因为西方画廊的关系。因为他们认为这是比较能代表中国的东西。”

简单地说艺术家迎合市场也许有些武断，然而，像其他任何商品一样，艺术产品与市场需求也有着较高的一致性是不争的事实。在 2007 年，“798”艺术区中那些“政治波普”类作品随处可见。

4）政府管理

“798”艺术区是由艺术家自发集聚形成的。按照原有的城市规划，“798”地区将拆迁建设写字楼。在艺术家们的再三呼吁下，这里最终得到了政府的重视，并于 2006 年建立了“北京文化创意产业集聚区”，于 2007 年被列入了《北京优秀近现代建筑保护名录（第一批）》，艺术区得到了保留，其建筑更是受到了法律的保护。2006 年 3 ～ 4 月，为了响应北京市大力发展第三产业的号召，“798”厂厂主——“七星集团”与政府部门合作成立了民营机构——“798 艺术区建设管理办公室”。该办公室主要工作包括“798”艺术节的组织、北京“798”艺术区网站的建设管理、为一些新开的店联系在北京“798”艺术区网站的介绍、为艺术家的出国培训联系资金支持、对政治问题进行审核和监督等。

政府的干预保护了艺术区的合法存在，应当说，这对于“798”艺术区的持续发展起到了重要的推动作用。但与此同时，也有一些艺术家对于政府部门组织艺术节持不同看法，他们认为“798”作为一个民间发起的组织，应该具备更大的独立性。在笔者访谈中，也有艺术家认为“798”作为民间团体会更好一些，束缚更少。

2. 近年来的“798”艺术区

2008 年爆发了席卷全球的金融危机，在一定程度上使依赖于境外收藏市场的当代艺术受到了明显冲击。事实上，笔者在 2007 年访谈一位台湾的画廊老板时，他就有过这方面的预测：“下面的 3 ～ 5 年会有一个极大的调整期，那些炒作上去的人，从哪儿起来，还从哪儿摔下来。”2008 ～ 2009 年，笔者曾先后多次拜访“798”艺术区。2010 年和 2013 年，笔者又选择了几个典型的艺术家和画廊经理进行访谈，耳闻目睹了“798”艺术区的变化。

1）艺术机构和艺术家

尽管“798”艺术区建设管理办公室指出，截至 2009 年 5 月 1 日，搬离“798”艺术区的画廊只有 8 家，并且“798”艺术区画廊的进进出出、优胜劣汰一直比较频繁，“798”艺术区艺术生态开始恶化的传言仍旧广泛流传。笔者统计了2009年和2010年“798”艺术区地图上的各类机构。发现在2007～2009年,“798”艺术区内艺术机构（画廊和工作室）占全部机构的比例变化不大；但是从2010年开始，的确有一些减少（尹贻梅等的调研数据中也证实了这一点，表3-4）。相反，商店的比率明显增加。事实上，近些年去过“798”艺术区的人，都可以明显地感觉到，为游客画像的地摊、书店、各类小商店等商业机构已经随处可见了。值得注意的是，虽然商业的比率明显增加，但“798”艺术区并没有像纽约苏荷区那样由艺术区变为集聚专业品牌的商业区，品牌店的数量并不多。

表3-4　2003～2013年“798”艺术区的各类机构（单位：家）

年份	工作室	画廊	设计、广告、媒体和书店	咖啡和饭店	精品店	总计
2003	18	6	10	2	2	38
2004	38	11	16	5	5	75
2005	40	19	31	6	7	103
2006	51	87	39	12	14	203
2007	59	103	51	14	23	250
2008	43	153	61	22	24	303
2009	25	168	70	38	64	365
2010	22	159	100	48	72	401
2011	22	175	121	51	89	458
2012	20	171	123	54	125	493
2013	19	172	197	59	129	576

资料来源：“798”艺术区建设管理办公室.转引自Yin等（2015）

2010年11月，笔者在“798”艺术区网站①上查到70余位艺术家的介绍。虽然样本很少，但是，我们还能看出，北京本土的艺术家在“798”仍然占有最多的比例，其他为来自全国各地的艺术家以及少数来自国外的艺术家的格局基本没有变化。

① 北京“798”艺术区网站。

2）艺术市场

金融危机在半年内就波及了“798”艺术区的当代艺术。2008 年 11 月，“798”艺术区爆发了有史以来最大的“危机”，转租画廊的广告随处可见（李培和毛一竹，2008），也有人指出画廊倒闭的数量有限，更多的画廊通过采取减少展览数量，增加常规展的展期和缩减广告投入的手段渡过难关（夏彦国，2009a）。需要注意的是，与此同时，随着国内的房地产商、煤老板等富人开始介入到艺术品收藏中，民间资本、流动性资金大量涌入，中国艺术市场并没有出现绝对意义上的萧条（王岩，2009）。

“798”艺术区中的各类机构受到的影响程度不一，有人说，这场危机对艺术机构进行了重新洗牌。在笔者访谈中，有画廊老板说他们一直是赔钱度日，但是，在“798”艺术区，绝大多数大画廊还能够继续维持下去。仅有“中国当代”和“协民艺术公司”等少数国际画廊选择退出中国市场，离开“798”艺术区。虽然大的形势不好，但仍有一些有实力的画廊，比如来自中国台湾地区的“八大画廊”，由于与台湾地区藏家联系密切，营业状况仍然较好，甚至还扩大了营业的面积。

3）艺术风格

当前的中国艺术市场与前几年相比，加入了大量国内的民间资本，新兴起的富人限于知识结构、认知水平以及文化传统，收藏方向多是近现代绘画、写实油画，以及一些年轻艺术家的当代艺术作品，特别是写实油画无疑成了他们关注的新热点（夏彦国，2009b）。反映在“798”艺术区中那些“政治波普类”的、“揭露”社会问题的、迎合西方文化倾向的作品明显少了很多（也有艺术家认为这与政府加大了对那些带有西方文化渗透性质的艺术作品的管理有关）。相反，其他各类，包括更为传统的作品、甚至少数国画都出现在“798”艺术区的画廊中。

4）政府管理

近年来，“798”艺术区的一个显著变化是商业机构的比例有所扩大，这与相关管理不无关系。访谈中有艺术家指出：“2008 年的时候，物业的条件是不是做艺术的就不能进来，但是 2008 年年末之后，也就是金融危机之后，一些小的画廊撤出去了，空间空了，能给租金的就能进来了（商店、书店等）。”政府管理的变化与大的环境背景有关。这一阶段，国际和国内艺术市场状况不理想，画廊和艺术家的经营状况普遍不好。然而，随着“798”艺术区在国际和国内知名度的提高，房租水平却水涨船高。2008 年年底，围绕租金、租期以及物业管理等问题，艺术家与“798”艺术区建设管理办公室的矛盾不断升级，甚至一度演变为法律纠纷。

笔者曾试图再次拜访“798”艺术区建设管理办公室了解艺术区的管理情况，但是“798”艺术区已经成立了由新的一批人马组建的管理委员会，而新的管理委员会对“798”艺术区近年的发展了解不多。可见，相关问题可能已经引起了政府的重视，但是，新的管理举措仍然有待出台和完善。

5）结论

2007 年，在笔者调研时，正处于艺术品市场极好、艺术品价格飞涨的时期，“798”艺术区呈现一片繁荣的景象。由于当时的买家更多来自西方，最流行的艺术题材是“政治波普”类、“性”等方面的内容。随着 2008 年金融危机的来临和国内资本更多地进入艺术市场领域，“798”艺术区内的艺术作品风格更为多样化，“政治波普”类的作品明显减少，其他各种作品，甚至一些国画都在艺术区内占有了一席之地。经过这次危机，各类艺术机构进行了重新洗牌。从长远看，中国视觉艺术及其产业正在向着积极的方向发展。

在金融危机背景下，画廊和艺术家的经营状况有所下滑，同时，艺术区的房租不降反升，艺术家和租赁方出现了一些矛盾，甚至一度演变为法律纠纷。事实上，艺术区的管理在世界其他国家和城市也同样是一个富有争议的话题。从国际经验来看，艺术机构的减少并不一定就是坏事。某些艺术区随着商业机构的入驻，性质发生改变。然而，艺术家们又会在新的地方聚集，形成新的艺术区。艺术家与租赁方、管理者的矛盾在纽约等欧美城市也同样存在。对于艺术区该如何保护，以及保护到何种程度的问题，目前并没有一致的答案。需要引起注意的是，“798”艺术区近年发生的变化是在金融危机这样一个特殊背景下的产物。长期看，“798”艺术区的艺术生命力仍然非常旺盛，政府给予扶持，帮助艺术家和画廊渡过难关可能是最好的选择。在这一过程中，是否能够协调各方利益，通过对话和广泛参与建立一套完善的规则体系，可能是避免矛盾、促进艺术区有序发展的正确途径。

（二）“798”艺术区机构变迁中的多种因素

国内外有关艺术区的研究，主要考虑的是本地的商业、艺术家以及艺术市场等因素。然而，在“798”艺术区这一北京最具影响力的美术空间的演变过程中，却不仅是本地因素最具影响力，超地方因素，如国际因素和国家层面的因素也都发挥了至关重要的作用。因而，“798”艺术区艺术空间的变化是多个尺度中的不同因素相互作用、博弈的结果。

国际因素对“798”艺术区美术产业的影响渗透在产业链的各个环节，总体上可以归为供给和需求两大方面。从供给来看，有来自国外的企业家建立的国际性的画廊和拍卖公司的办事机构，也有很多国外的艺术家及其作品来到中国进行展览，甚至还有为数较少的国外艺术家来到中国从事绘画等艺术创作。

按照相关法律，目前国外拍卖公司还不能在中国（除港澳台地区）直接进行拍卖活动。国外企业家对中国视觉艺术的直接影响更多体现在数量不断增加的国际画廊和相关机构上。根据“798”艺术区建设管理办公室提供的资料计算得到，在“798”艺术区 165 家艺术机构中，来自中国港澳台地区，以及其他国家和地区的艺术机构占到了 16%，已经具备一定规模。这些国际画廊往往是国外画廊在中国的分支机构，由于中国视觉艺术，特别是当代艺术的市场尚处于起步阶段，这些画廊的收入往往以国外画廊为主。建在中国的画廊更多的是作为联系本地艺术家的手段和看好今后升值空间的一个提前投资。

由于中国在视觉艺术领域的影响力较西方还有较大距离，国外艺术家直接到我国从事艺术创作的人数很少，影响有限。但是，很多建在中国内地的国内外画廊都代理了一些世界知名的国外艺术家的作品。以北京“798”艺术区为例，笔者通过对 11 家画廊[①] 网站资料的整理，统计了这些画廊代理的 156 位艺术家的来源的省（自治区、直辖市）或国家（图 3-6）。如图 3-6 所示，除了本土艺术家，来源地涵盖了除西藏和新疆外中国内地其他 29 个省（自治区、直辖市）外，还有少数代理艺术家来自法国、瑞士、美国等国家。随着近年中国艺术市场的崛起，国外艺术家到中国作展也变得日益频繁。这些无疑促进了本地艺术家与西方艺术的交流。

外来画廊和艺术家凭借其雄厚的资本实力和在艺术领域的影响力对本土艺术家的创作、画廊的经营等都产生着潜移默化的影响，艺术区中的作品风格变得越来越具有迎合西方藏家的趣味。

---

① 在北京“798”艺术区网站上，仅可以查到这 11 家有艺术家介绍的画廊的网址。

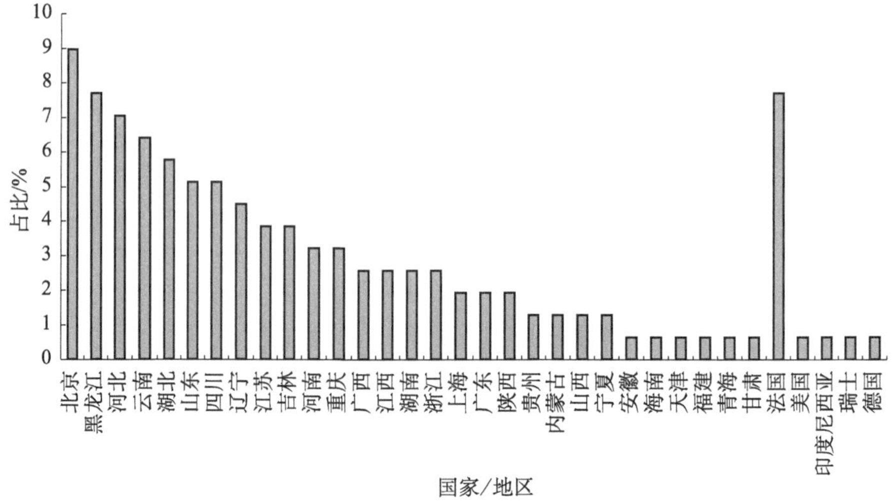

图 3-6 “798”艺术区中部分画廊代理艺术家的来源地情况（抽样统计）

1. 国外消费者的影响

以往创意产业的研究还有一个共同特征：都是从供给角度考虑如何增强区域创造力，生产出更好的文化创意产品，在一定程度上忽略了文化创意产品的消费者对文化经济的影响。然而，通过实地调研，笔者发现与国际画廊和艺术家等艺术品的供给者比较，国外消费者对视觉艺术产业的影响更为直接、更加强烈。一方面，视觉艺术的主流是当代艺术，而中国当代艺术的主要藏家都是国外的，艺术家由于生存的需要不得不考虑经济因素；另一方面，文化全球化的浪潮下，本土艺术家都或多或少地受到西方强势文化审美倾向的影响。这使得国外消费者的审美偏好直接影响到我国艺术品的创作，主要艺术区中的当代艺术作品大都或多或少地带有迎合西方口味的色彩。老牌艺术品拍卖公司苏富比的亚洲区行政总裁程受康就认为，中国当代艺术市场还不成熟，大家一窝蜂似地加入到这个市场里。一些艺术家迎合某些境外藏家的口味，大量制作那些政治色彩浓郁的作品（林明杰，2006）。这里面最为典型的案例就是名气最大、售价最高，同时也饱受争议的“大脸画”（图 3-7）。

1）“大脸画”的争议

著名国际策展人、中国最负盛名的艺术评论家、哈佛大学博士高明潞在“四川画派”三十年学术研讨会上是这样介绍“大脸画”的：

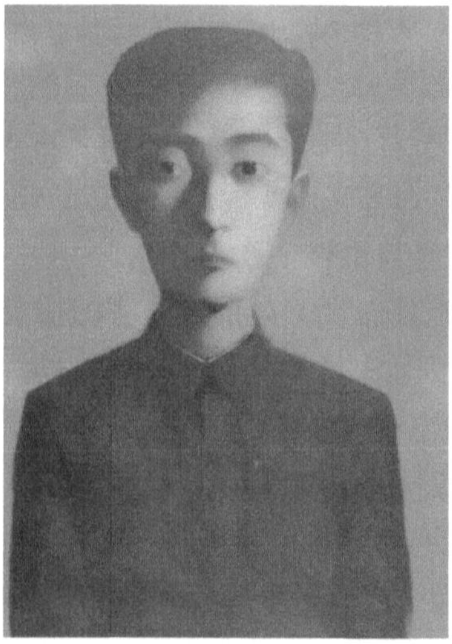

图 3-7 张晓刚作品《大家庭》之一

资料来源：张晓刚个人网站. http：//artist.artron.net/artistfront_new/exhibi_2.php?aid=A0000070&wrkid=33184&cate=71[2008-7-6]

这种绘画源于20世纪90年代，当前比较受欢迎的画家有张晓刚、王广义、方力钧、岳敏君等。他们的特点是画那种头大、身子小的人物，面部表情或冷漠或狰狞，色彩艳丽，被称为“大脸现实主义画作”。近些年来，随着他们的画作在境外畅销，2010年3月，张晓刚的“大脸画”作品《同志第120号》，在苏富比拍卖公司纽约拍卖会上，以97.9万美元创下中国当代艺术的拍卖纪录，同年10月份，张晓刚的另一幅画作又将这个纪录提升到1800万港币。很多年轻艺术家效仿这种“大脸画”，一时间,“大脸”成了当代艺术的代名词，似乎只要脸大、表情狰狞，就是当代艺术。

对此，评论界有不同的声音。正面的评价是，当代中国发展到一定阶段，这些青年画家敏锐地感受到了当代中国的变化，并采用独特的形式表现出来，于是，“大脸画”被境外收藏家广泛接受了。然而，种种迹象表明负面的评价也很有道理，有分析指出“大脸画”的流行可能是一些中国艺术家迎合西方市场的必然结果。比如，高明潞就认为大脸画在产生之初有一定的积极意义，但现在大脸画满街都是，已变成一种媚俗（王健，2006）。批评家王南溟（2008）在《“政治波普”与“泼皮主义”：是荣誉还是问题》一文中更是旗帜鲜明地反对“大脸画”，他认为其不是什么创造，而是一百年前西方人画的“中国脸”的延续，是迎合西方人优越感的产物，甚至对中国人的国际形象造成了破坏。画家王向明更为激进，他认为“大脸画”的热销是西方对中国的“文化侵略”（林明杰，2006），与当年西方某些基金力捧与苏联正统艺术观念唱对台戏的前卫艺术家别无二致，是在替西方完成颠覆意识形态的任务。

2）“798”艺术市场与国外收藏家

“798”艺术区临近使馆区，是国外游客的重要观光地，因而对这里的调研可以在一定程度上窥探中国当代视觉艺术市场与国际藏家的关系。在对“798”艺术区的艺术家、画廊老板和工作人员的访谈中，大多数受访者都表明艺术品的买家以国外和中国港台地区的为主。特别是在绘画之外的艺术形式（摄影、装置等）中，在中国收藏才刚刚开始，收藏的人还非常少。不过，也有受访者提到虽然大部分画廊的客户是国外的，但是也有受访者说他们的艺术品的购买者主要还是国内的。这主要是与画廊老板的人脉资源和个人喜好有关。很多老板是因为有了一批客户才开的画廊，很有可能这个固定客户就是国内的或者国外的。另外，有些画廊老板喜欢某种风格的作品，而这种风格正好迎合了国内或者国外的顾客的品位。

尽管笔者做了一些访谈，然而从总体上把握各画廊的客户群是非常困难的。特别是很多国人（这些人被称为买家，而非藏家）买画只是作为短期的投机，最终可能还是卖给外国人。有艺术家指出，看作品可以看出销售对象，那些描写性的、政治类的作品的客户主要是国外的。按照这种标准，可以看出，“798”这方面的艺术品确实占了非常高的比例。

3）国外政治家和媒体的影响

供给和需求都是市场经济范围内的现象，容易给人一种误解：国际因素对中国内地当代艺术的影响仅仅是一种经济现象，在新古典经济学分析的框架之内即可完美地对其加以解释。然而，事实远不是这样简单，国际因素不仅包括经济要素，还有政治和文化方面的内容。它们对中国内地视觉艺术的发展同样影响深刻。这其中最突出的案例就是“798”艺术区曾经的“拆迁事件”及其解决。

“798”艺术区是原“北京华北无线电联合器材厂”，即718联合厂所在地，随着时代的变迁，企业的效益不佳，因而空闲出一批厂房。由于其厂房建筑高大，同时采光良好，租金较为便宜，一些艺术家和画廊先后进入这一地区，形成了艺术区。然而，随着经济发展和周边地价的提升，房东七星集团不打算将厂房继续租给艺术家，转而开发房地产建设电子城，从而获得更高的收益。但这遭到了艺术家和画廊的普遍抵制。于是，七星集团采取设置路障、禁止出租车入内等方法限制艺术家和画廊的经营活动，并规定以后房屋不租给艺术家、文化人、外国人。画廊和艺术家则通过举办大山子艺术节、请国外的政客参观“798”艺术区等方式提升“798”的影响力，在社会上造成保护艺术区的舆论。最终，身为人大代表的艺术家李象群向北京市政府提出议案，呼吁改变原有规划，保护艺术区，这一议案得到了政府的重视。在多方面的作用下，艺术区得以保留。政府还出台了一系列保护措施：通过命名“北京市文化创意产业集聚区”，给予了艺术家优惠政策；通过吸纳七星集团的部分人员和派遣政府人员的方法成立了“798”艺术区建设管理办公室。这样，一方面加强了政府的管理，另一方面也协调了艺术区与七星集团的关系。

在这一事件中，人大代表、中国媒体的作用固然重要，但国外政治家和西方媒体的作用也不可忽视（图 3-8）。在中国日益开放的时代背景下，北京作为首都提出了建立世界城市的口号，特别是在 2008 年北京奥运会召开之后，愈发注重与世界接轨，西方媒体的正面宣传往往很快就传到了国内。比如，《纽约时报》《新闻周刊》都曾对“798”艺术区进行报道，并且将其列为北京成为国际都市的重要象征。也正是因为这样，为李象群提出保护“798”艺术区的提案并引起政府高度重视奠定了重要基础。

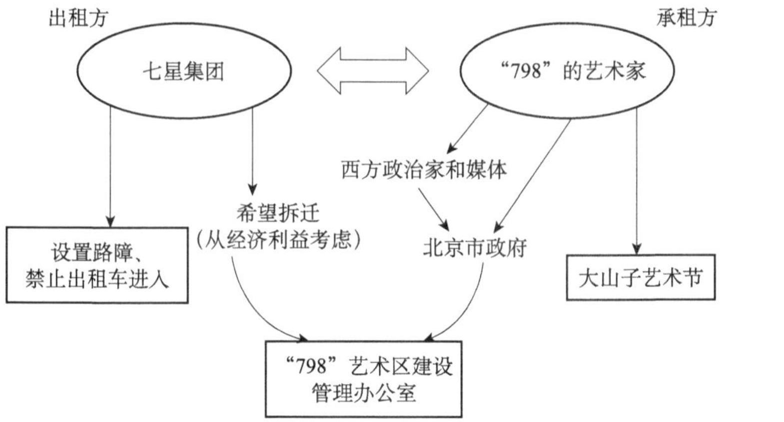

图 3-8　北京“‘798’拆迁事件”中的各方

4）国际因素与艺术区区位

国际因素在供给、消费以及政治文化环境方面对中国的视觉艺术产业都产生了广泛而深刻的影响。从区域发展角度看，这些影响的结果首先表现在那些知名的视觉艺术区的区位上。这些艺术区无论在城市内部的微区位，还是在城市之间的分布，都与国际因素密切相关。

A. 艺术区在城市内部的微区位

艺术区在城市内空间分布（在地理学上一般称为微区位）的规律性是一个存在争议的话题。有艺术批评家从自身经历出发认为圆明园画家村、宋庄等艺术家聚集区的形成纯属偶然，与这些地方的文化和历史背景无关，认为艺术区在城市中的空间分布是没有规律的。然而，西方城市学者发现，艺术区在城市内城工业衰退后的旧厂房里和大城市的郊区最为常见，一定程度上证明了艺术区的微区位是有规律可循的。

按照艺术区功能的不同，视觉艺术区可以分为以集聚艺术家为主的原创艺术区和以集聚画廊为主的艺术品交易市场。前者主要分布在大城市的郊区以及有独特自然风光的地区，如北京的宋庄、上苑，四川都江堰的聚源等。后者主要集中在城市内部工业衰退后的老厂房之内，以北京的“798”和上海的“M50”艺术区为代表。目前，这两个地方有为数不少的艺术家，而且画廊的比例越来越高，成为最著名的艺术品交易一级市场和所在城市旅游观光的标志性场所。宋庄、上苑等艺术家集聚区地处偏僻，租金便宜。而艺术品交易市场与此相反，需要较为方便的交通以提高艺术品买家的可达性，例如，“798”艺术区位于北京首都机场高速公路附近，“M50”艺术区距离上海火车站步行仅要 10 分钟。

艺术品市场的区位选择受本地的自然环境、制度环境、文化氛围等多方面的影响。然而，当代艺术已然成了视觉艺术行业中的主流，而当代艺术发源于西方，相对于古典的中国画，可称为“嫁接”到中国的艺术。根据调研，我们发现当代视觉艺术作品的买家多为境外的人士。在全球化的今天，像大多数行业一样，艺术品市场区位受制于本地因素的同时，与区域之外的因素也密切相关。

首先，由于靠近市场的需要，距离外来人士密集区的距离是限制当代艺术交易市场发展的一个重要因素。比如，“798”艺术区不仅位于首都机场高速公路附近，同时距离北京的几个使馆区（亮马桥、三里屯、日坛）都比较近（图 3-5）。“M50”艺术区距离外国人聚居区距离适中，然而，其市中心的地理位置也不会造成外国买家前来访问的任何障碍。艺术家李象群对“798”艺术区的介绍为此提供了有力的证据（李雪梅，2006）：

"798"的条件是其他地方不具备的。"798"位于朝阳区，这里离首都机场、艺术学院、东部新的使馆区、CBD都很近，这意味着它更容易走向国际化。以前艺术家比较集中的地方像宋庄等地，位置比较偏远，而且那个地方是属于内向、封闭型的，"798"是开放和外向型的，是展示给大家看的，所以能留住人。

其次，带有国际痕迹的创意环境也可以成为吸引艺术品市场分布的要素。比如，"798"艺术区整个厂区由原民主德国设计师设计，厂房为典型的德国包豪斯风格，其规模甚至超过了德国的工厂。与传统的中国古建筑和一般的现代建筑不同，其建筑高大、采光非常好，有利于艺术创作和展览，因而吸引艺术家到这里建立工作室或画廊，是其成为艺术区的重要原因。

B. 艺术区在城市间的分布

视觉艺术区在城市之间的分布是相当不均衡的。除少量像聚源那样以集聚原创艺术家为主的艺术区分布在都江堰这样有特色的中小城市外，几乎所有知名的艺术家和繁荣的艺术区都集中在那些对外联系密切的北京、上海、广州、昆明等门户城市。比如，拥有中国当代艺术"四大天王"之称的王广义、张晓刚、方力钧、岳敏君等都长期居住在北京。最著名的写实主义画家陈逸飞也把画室安排在上海。位于北京的"798"、宋庄和上海的"M50"成了中国视觉艺术区的标志。可以说，门户城市成了中国视觉艺术产业的集聚地，来自全国各地的艺术家和来自世界各国的画廊都汇聚于此。

门户城市成为视觉艺术产业集聚地的原因有很多，然而，最关键的有两点：首先，当代艺术品主要流向国外，靠近门户城市就等于靠近了市场。北京和上海的本地收藏家都不算多，然而当代艺术品市场显得非常火热，一个重要的原因是大量驻京的和旅游观光的外籍人士的惠顾。其次，门户城市往往集聚了大量的艺术院校，因而靠近门户城市就靠近了艺术氛围。对画廊而言，就是靠近了艺术家。部分国际性的投资者在"798"艺术区建立画廊只是为了作为联系本地艺术家和宣传自己品牌的手段。在"798"艺术区，一个西方国家画廊的经理告诉笔者，该画廊在北京只是一个展区和一个试点。他们的主要销售是通过分别位于伦敦和纽约的画廊销往欧洲市场和美国市场，而北京只是一个窗口，可以比较快地得到一些反馈的消息，可以看到艺术家最新的作品。如果在国外的话，可能两个月回来一次，但是市场上有可能已经产生了变化。中国港台地区的画廊也有同样的情况，一个中国台湾画廊的老板直言，他的销售对象都是在中国台湾的收藏家，而不在“798”艺术区。与西方国家的画廊一样，“798”艺术区对于他而言主要是展览，作为一个窗口，可以跟一些艺术家接触，也是一种宣传。

5）结论和讨论

如前文所述，中国视觉艺术特别是当代艺术从创意到生产到流通无不渗透着国际因素和本地因素的相互关联（图 3-9）。本地除了跟风炒作的买家外，缺乏真正意义上的收藏家，是极不成熟的市场。批评家河清（2005）在《艺术的阴谋》一书中指出，中国的当代艺术（视觉艺术的主流）无非是“西方艺术，中国制造”。西方输出了文化，购买了艺术品，而中国像制造业中所普遍呈现的那样，又一次成了“来料加工”的制造工厂，只不过这次加工的是意识形态的塑造者——文化产品。

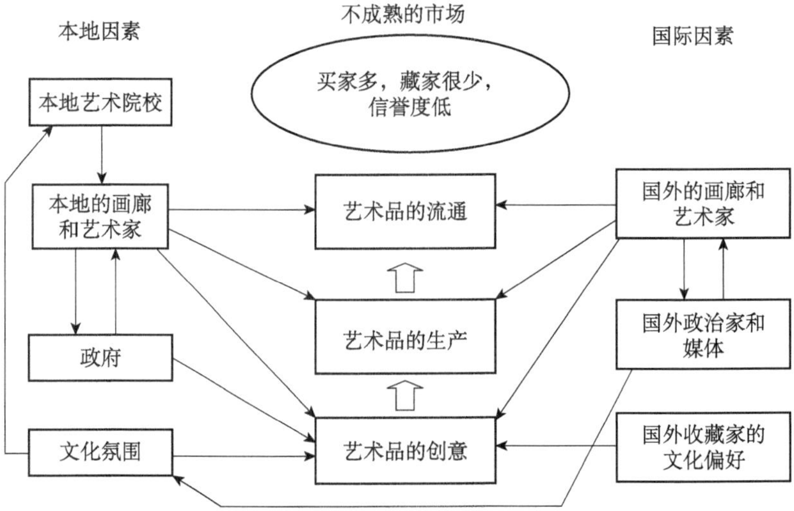

图 3-9　影响中国视觉艺术产业的国内因素和国际因素

《城市文化经济》与《全球性转变》是两位西方著名经济地理学家 Scott（2000）和 Dicken（2011）的代表性著作。前者描述了后工业时代城市文化经济的崛起；后者关注全球化时代全球生产网络的变迁。文化经济并非仅受本地因素影响，如本书所描述的那样，国际因素在发展中国家的文化产业中的作用可能举足轻重；全球生产网络并不局限于制造业，文化产业显然也是国际化的。尽管 Scott 强调全球性城市是文化经济的主要集聚区，并由此成为全球经济增长的引擎。然而，他没有专门针对影响地方文化经济的国际因素的研究，没有着力刻画文化产业从生产到消费的生产网络及其变迁，因而其“城市文化经济”仍旧是城市的、地方的，并没有表现出文化经济领域的全球性转变。随着部分发展中国家经济的发展，地方产业升级正在发生，正如中国艺术品市场正在逐渐“从西方的盘转到华人的盘”，文化经济的全球性转变正在发生。这里的论述试图表明，我们有必要将过去看作不同的研究方向联系起来，中国文化创意产业的发展嵌入在经济全球化和文化全球化的大背景中，无论是经济层面，还是文化层面都打上了国际因素的烙印。

本书对城市政策领域的两个启示是：①在当前条件下，门户城市在建立当代艺术市场方面具有得天独厚的优势；②靠近国际因素的城市微区位更适于建立艺术品市场。然而，这也仅仅是“当前条件下”，随着本土收藏家群体的崛起，这种状况是否发生改变尚待观察。

四、国际经验借鉴及北京艺术相关的绅士化的选择

国际城市艺术相关的绅士化有着不尽相同的路径，以北京为代表的我国大城市城市文化空间的更新，也面临着如何科学决策以协调各方利益的问题。以“798”为代表的艺术区曾经面临数次是否拆迁的争议。本书通过回顾发生在纽约、柏林、汉堡和伦敦的几个与艺术相关的绅士化的案例，说明绅士化过程中，如果做好利益协调，社会冲突是可以避免的。特别是霍克斯顿绅士化的良性发展，说明城市绅士化和社会融合、经济发展以及文化繁荣是可以共赢的。这与吴良镛（2005）所指出的“应当把北京的旧城看作有机的生命体，走有机更新的道路”的观点是一致的。对照国际城市的经验和教训，本书认为，我国城市艺术相关的绅士化过程中至少应当在以下三个方面做出调整，从而推动绅士化由矛盾冲突走向融合共赢。

（一）为艺术家购买房产或者长期租赁提供可行方案

国内外的大量实践表明，艺术和艺术家可以为旧城的老建筑注入活力、积累文化资本，带动艺术区及周边地区的文化繁荣和经济发展。由于我国艺术区的建筑或者归集体所有，或者归国家所有，并且一般不能买卖，艺术家无法获得房产的所有权或长期使用权，其利益无法得到有效的维护。作为地方文化声誉的创造者，艺术家理应在其中获取一定的

利益。苏荷区和霍克斯顿的艺术家都曾经购买艺术区的房产，这样，即使后来艺术区不得不拆迁，他们也可以得到适当的经济补偿。反观我国的一些艺术区，如北京城乡结合部的宋庄艺术区，由于我国农村集体土地属于禁止流转范围，曾经多次就房产问题引发村民和艺术家的纠纷。我国对于创造文化声誉，带来地方经济和文化价值的艺术家的利益缺乏有效的保护。因而，我国城市中作为艺术区开发的房产，可以尝试建立保障艺术家长期租赁，乃至购买房产的制度。

（二）避免大拆大建，走向多元融合、各方利益相协调的不完全绅士化策略

在我国上海的“M50”、北京的“798”、南京的“1865”等艺术区的“驱贫引富”的绅士化运动中，最终演变成为一场政府和私人投资者联盟合作的经济游戏，剥夺了普通公众的话语权和居住权，失去了必需的社会公平性（王婷婷，张京祥，2009）。

西方城市艺术相关的绅士化案例均表明，创意阶层需要的空间并非全新的、豪华的、过度商业化的，而是与社会文化相混杂的、有活力的、不完全绅士化的。城市发展采取不完全的绅士化策略，不仅有助于吸引艺术家长期安营扎寨，安心从事艺术创作，同时，保留一定的低端产业和其从业者的生产和生活空间，也可以维护当地工人或者村民（一般是城中村村民）的经济和生活利益。此外，在不完全绅士化策略下，传统的建筑和生产生活模式得到了适当的保护，可以保持人们对这一地区悠久历史的记忆，更有助于地方文化的积累，提升区域形象，因而更有助于推动区域长期的繁荣发展。

（三）培育和积累地方文化资本，打造城市独具魅力区域

人文主义地理学家雷尔夫（Relph，1976）曾指出，建立与地方的联系是人类的一种重要需要。因此，在国内外城市空间的更新与发展中，文化资本的培育和积累通过满足人类的精神需要，可以产生重要的价值。比如，霍克斯顿的“都市田园”不仅创造了艺术氛围，同时形成了一种区域的品牌和形象。这种文化资本的积累，形成了区域的核心竞争力，吸引了各种“绅士”前来入住，成为城市独具魅力的核心区域。我国城市文化空间的更新同样需要考虑人类情感的因素，需要文化的传承。比

如，“798”已经成为我国先锋艺术的阵地，成为全世界关注中国当代艺术的哨所。因而，这种文化资本是值得地方政府、艺术家、公众，乃至房地产经营者寄予强烈关注的。即使有一天，这里不得不像苏荷区或者霍克斯顿一样迁出艺术家，转变为商业区或高档公寓，这里的艺术地标在相当长的时间内（至少是一段历史时期内）也都是值得保持和维护的。

第四章
北京动画产业发展研究

第一节　动画产业的概念及特征

动画产业的概念“可大可小”。所谓“大”的概念与“动漫产业”类似，是指以“创意”为核心，以动画、漫画为表现形式，包含动画图书、报刊、电影、电视、音像制品、舞台剧和基于现代信息传播技术手段的动画新品种等动画直接产品的开发、生产、出版、播出、演出和销售，与动画形象有关的服装、玩具、电子游戏、印刷品及日用品等衍生产品的生产和经营的产业，与动画内容相关的展览馆、游乐场和主题公园的经营等（朱春娇，2010）。所谓“小”的概念，是指除去动漫、游戏等产业，剩下的直接与“动画片”和“动画人物”相关的产业链和生产环节。

我国大量的动画企业实际上以从事对外国动画的外包、代工业务为主。根据本书前面的定义，创意产业必须是能够生产知识产权的行业，而这些代工企业不能生产知识产权，因而，本书不将这些企业概括在创意产业中。也正是如此，本节所研究的仅是原创动画，所说的中国动画也仅是指中国原创动画。相较于其他文化创意产业部类，动画产业有以下显著特征：

首先，动画产业的产业链条最长。广义上的动画产业是涵盖了从漫画、电视、电影到游戏、音像制品以及玩具、主题公园等衍生产品的大产业。动画从策划到制作、播出、研发和销售，乃至后续的衍生品的开发，每一个环节都对动画产业的发展产生着非常大的影响（图 4-1）。其中，最关键的创造环节往往很难与其他环节截然分开，造成了动画产业常常在一些城市集聚的现象。

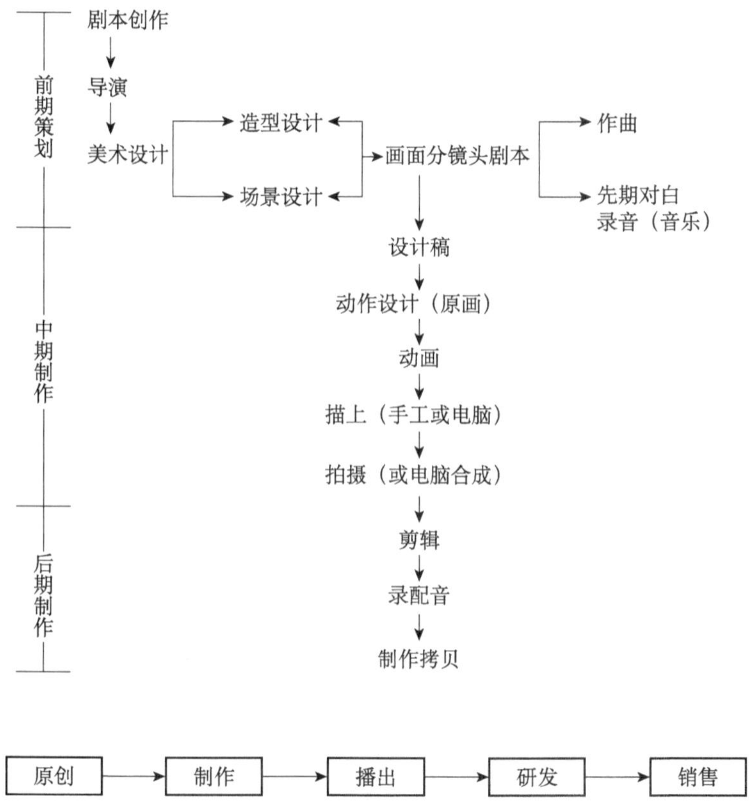

图 4-1　动画产业的产业链条

资料来源：根据侯克明（2006）相关资料整理而得

其次，动画产业的受众以特定人群为主，特别是以儿童和青少年为主。动画形象有别于真实的人物和场景，富于想象力且距离现实有一定距离，最为符合尚未接触社会的青少年和儿童的观赏需求。当然，一些成年人也经常观看动画作品，特别是动画电影。但从整体上看，动画作品的受众仍然以儿童和青少年为主。

最后，动画产业具有教育意义，对于确立社会道德规范有一定的价值，受到世界各国政府的高度重视和大力扶持。文化创意产业的消费与其他产业的重要区别在于它的产品以精神价值为主。儿童和青少年由于缺乏完整的人生观和价值观，往往不能站在相对客观的角度品味动画作品，甚至一些受众会模仿动画中的人物、情节。因此，动画作品的内容和播出形式、方式一般都被各国的法律和政策文件加以严格的限定。

第二节　中国动画产业的发展历程

1906 年，世界第一部动画影片《滑稽脸的幽默相》诞生于英国。在旧中国，上海已经成为第二级国际大都会。动画这类“洋货”也很快传到这里。在上海工作的万氏兄弟（万籁鸣、万古蟾、万超尘和万涤寰）出于对动画的热爱，经过刻苦的钻研，终于在 1922 年拍摄出中国第一部广告动画片——《舒振东华文打字机》，成为中国动画的先驱。1924 年，他们又拍摄了 12 分钟的动画短片——《大闹画室》。1941 年，他们制作的中国第一部动画长片《铁扇公主》风靡亚洲，在世界电影史上，这是继美国《白雪公主》《小人国》和《木偶奇遇记》后第四部大型动画片（万静，2005）。可以说，中国动画有着良好的开端，一度处于世界先进水平。

新中国成立前夕，东北电影制片厂曾拍摄了一些动画作品，培养了一批创作人才。新中国成立后，东北电影制片厂的美术组并入上海电影制片厂。随后，万籁鸣也从香港回到上海。之后很长时间内，上海电影制片厂及后来的上海美术电影制片厂是中国动画的主要基地，创作了《大闹天宫》《葫芦兄弟》《黑猫警长》等观众喜闻乐见、艺术性与娱乐性兼备的精彩动画影片。

20 世纪 80 年代中期，电视媒体开始普及，动画片一定程度上取代动画电影成为动画产业的主要产品。除原有的上海美术电影制片厂外，以中央电视台为代表的电视制作机构开始成为动画产业的重要力量。与此同时，日本等国动画企业出于降低成本的需要，开始将动画的一些低端环节外包到中国的深圳、广州等南方沿海城市。这些地区由于不做原创，当时并没有被认为是动画产业的重要力量。但是，随着时间的推移，这些地区在外包加工过程中，积累了相关的技术和一定数量的专业人才。近年来，为了获取更多的利润，保证产业的持续发展，这些地区已经开始向原创动画产业进军。

早在 20 世纪 70 年代末，美国的《米老鼠和唐老鸭》、日本的《铁臂阿童木》等经典动画片就开始进入中国（漫友动画研究所，2007）。80 年代末开始，这种局势不断增强，以《圣斗士星矢》为代表的洋动画在各大电视频道不断播出，一度占据了中国电视动画节目 90% 的市场（蒋晓雩，2007）。“洋动画”固然在技术和资金上具备一定的优势，然而，与之比较，中国动画更大的缺点被认为是来自传统的计划经济体制，没有产业化，缺乏市场竞争力。

这种情况很快引起了中央政府的重视。1995 年，时任党中央总书记的江泽民同志给上海动画界写信，提出“让我国自己的动画英雄形象成为广大少年儿童的楷模和朋友”的希望。有趣的是，同年，国家不再向上海美术电影制片厂提供经济补贴，用市场化手段改造国产动画被逐渐认识。2000 年之后，动画作为一个产业终于在中央会议中被使用；2001 年，中央“十五”规划也开始把动画产业纳入其中（秦喜杰，2006）。随之而来的是一系列的产业政策，主要包括：2003 年，国家广播电影电视总局下发《关于加强动画片引进和播放管理的通知》，要求各电视台播出进口动画片与国产动画片的比例不得超过 4：6。2005 年，财政部等 10 部委联合下发《关于推动我国动漫产业发展的若干意见》，提出设立动漫产业发展专项资金，建立优秀原创动漫产品评选、奖励和推广机制，提供税收、融资优惠等扶持政策。2008 年，《广电总局关于加强电视动画片播出管理的通知》规定自 2008 年 5 月 1 日起，全国各级电视台所有频道不得播出境外的动画片，介绍境外动画片的资讯节目以及展示境外动画片的栏目的时段，由原来的 17：00 ～ 20：00 延长至 17：00 ～ 21：00。

中央政策推出后，国家各部门、地方政府与企业积极配合，建立了专门的动画频道和动画产业基地。2004 年，国家广播电影电视总局相继批准成立了北京电视台动画频道、上海炫动卡通卫视、湖南金鹰卡通卫视 3 个上星动画频道，到 2006 年，广东嘉佳卡通频道的成立使得这一数字达到了 4 个。截至 2006 年，中国国家广播电影电视总局在继四大动漫专业院校颁布教育基地后，又先后在全国 15 个企业或单位设立了动画产业基地[①]，新闻出版总署联合国家信息产业部，设立广州、北京、上海和

① 到 2006 年 5 月为止，国家广播电影电视总局颁布了 15 个动画产业基地，其中，长三角地区占了 6 个，东北地区 2 个，两湖地区 2 个，广东省 2 个，北京市 3 个。具体包括：杭州高新技术开发区动画产业园、上海美术电影制片厂、常州影视动画产业有限公司、苏州工业园区动漫产业园（国际科技园）、无锡太湖数码动画影视创业园、上海炫动卡通卫视传媒娱乐有限公司、湖北江通动画股份有限公司、湖南金鹰、中影动画产业有限公司、中央电视台中国国际电视总公司（北京辉煌动画公司）、三辰卡通集团、深圳恰景国家动漫画产业基地、大连高新技术产业园区动画产业园、南方动画节目联合制作中心、长影集团有限责任公司。

成都四个城市为网络游戏动漫产业基地，文化部在四川省、大连市和上海市设立了国家动漫游戏产业振兴基地。全国在一年多的时间内先后成立了 27 个动漫游戏基地（卢斌，2007）。2002 年，全国仅有动漫制作机构 120 多家，不到 5 年的时间这个数字增长了数十倍。2007 年，全国已有 50 多个城市宣称要建设中国的“动漫之都”或“国家动漫产业基地”，其中 30 多家已经挂牌，而政府花巨资举办的名目繁多的动漫节、动漫展和动漫赛事更是层出不穷（王丽，张月琳，2007）。

客观地说，政府的一系列政策有很多实施上的具体问题，但是对动画产业的推动还是有目共睹的。中国动画从 20 世纪 90 年代末开始，进行了很多尝试，取得了引人瞩目的成绩。除了在原本就有一定基础的婴幼动画领域继续发展外，在青年动画领域也开始有所突破。1999 年，上海美术电影制片厂制作了我国首部 SID 数码立体声电影动画《宝莲灯》；同年，上海美术电影制片厂又开始制作中国首部青春校园题材动画《我为歌狂》。深圳环球数码有限公司斥资 1.3 亿元拍摄了我国首部三维动画电影《魔比斯环》。其中,《我为歌狂》《魔比斯环》并没有取得理想的经济效益，但是，为青年动画领域积累了必要的经验和人才，因而在一定程度取得了“意义”上的成功。《宝莲灯》和广州统一影视数码特技制作中心制作的 Flash 作品《Q 版三国》在艺术上和商业上都比较理想。21 世纪初，湖南民营企业三辰卡通和宏梦卡通异军突起，它们制作的《蓝猫淘气 3000 问》《虹猫蓝兔七侠传》在各大电视台直播，甚至还出口到了国外。湖南动画企业通过技术创新，实现了无纸化制作，大大提高了拍摄速度；通过开发衍生产品，积极的商业化运作取得了理想的商业效益；通过引入风险资本，实现了企业的扩大生产，朝着大制作、大产业方向迈进。

在各方面的有力支持下，中国动画产量迅速增加。我国国产动画片的产量从 2003 年的 12 000 分钟，增至 2012 年的 22 万分钟。国产动画电影也从每年的 1 ～ 2 部，发展到每年 20 多部。近年，更是涌现了《喜羊羊与灰太狼》《熊出没》等一系列受到广大儿童喜爱的动画片。然而，这些成绩是在国家拿出巨额的购片费的前提下取得的，国产动画的市场赢利能力仍然薄弱。

经过长期的发展，中国动画产业的“硬件”已经达到很高的水平，或者如中国电视艺术家协会卡通艺术委员会副主任傅铁铮所言（韩建光，2006），中国动画发展的关键问题主要是在“软件”上：

中国的“硬件”一点不差。社会上一直有个片面的认识，觉得国产动画不好是因为我们的计算机不如人家，其实全世界最先进的设备我们都有。这些年，动画被恶炒后成为一个“房地产”概念，很多地方动不动就搞一个几百亩的动画园区，你可以问问，什么样的动画企业需要几百亩地？“软件”的差距反而很少被关注。

这里的“软件”可以理解为当前中国动画的社会文化环境。傅铁铮实际上揭露了中国动画产业的虚假繁荣，并指出这是地方政府不惜代价地给予政策支持的结果。笔者调研中也同样有业内人士指出，各地政府把发展动画产业作为一个政绩工程来抓，只重视对本地动画产业短期内的推动。至少两种手段被用来促使本地企业进入动画产业领域：资金奖励和土地出让。很多民营企业通过制作动画并不能收回成本，但是通过政府的奖励可以帮助企业维持生产。比如，在访谈中，有业内人士告诉笔者，在常州市每年有 2000 万元的资金奖励动画企业；东北某市为了扶持本地动画企业，对于能够在中央电视台播出的动画每分钟给予 3000 元奖励，在省级电视台、市级电视台能播出的动画也都有不同程度的奖励。此外，对企业更大的刺激来自土地。目前，很多动画企业的经营者有房地产经营的背景。比如，杭州的一个房地产商进入动画产业后，正谋划着建设一座占地3000亩的“动画卡通城”，总投资35亿元（秦喜杰，2006）。诚如傅铁铮所言，没有纯粹的动画企业需要几百亩地，更不要说3000 亩了。笔者在调研中发现，其实，动画企业获得土地后除了在规划范围内建设动画企业外，可能还有一些土地用来经营房地产。通过房地产的收益反过来补贴动画生产中的亏损。在调研中，有受访者对杭州动画企业的发展进行了点评：

后来也是跟一些老板谈，知道一些比较内部的消息。他们当时最直接的说法是杭州市政府要把杭州市变成一个动漫之都，于是就需要很多公司来做动画才能把它推起来，做首先要有钱，哪有钱？……做房地产最赚钱了。那就找他来做。相当于他们有一个合作，他是必须要做的，他即使不懂动画也要做，相当于他自己提一些条件，比如政府对土地有一些优惠的政策，他们达成了一种共识，给他一块地，那块地可能价值很多的钱，上亿元的钱给他，他就用这个钱投到动画里，所以动画即使砸了，自己也完全没有赔掉。

由于多种原因，除湖南三辰卡通集团有限公司、湖南宏梦卡通传播有限公司等少数企业外，我国从事动画原创的企业很少能够实现赢利。目前，中国投入动画片创作资金的主要渠道有两个：一是中央电视台每年投入3000万元；二是来自民间的资金每年投入5000万元。这两个渠道的资金投入基本上是不以回报为前提的（秦喜杰，2006：121）。在这种受资助的条件下生产动画，导致一些公司从中投机取巧，比如访谈中有人说道：

做一个片子号称投入几千万元，其实在日本都用不上那么多钱，不用说在中国了。这几千万元做七八部片子都能做出来，但是他只是做一部片子。中间这个钱很多都流失掉了，而且真正做活的人没拿到。所以这个钱为什么前边讲那么多。政府哪怕投两千万元都有上百家公司抢这个钱，但抢了之后不做实事。

此外，这种环境下一个更不好的后果是：资金来源往往决定着动画片的创作。由于不是以消费者喜好为导向，而是以能够得到政府资助为导向，动画创作有迎合领导喜好、迎合“主旋律”的倾向，距离消费者爱看的动画有很大差距。例如，某位受访编辑在其所写的一份报告中说：

在我同某动画公司的负责人谈论有关乒乓题材的剧本时，该同志说这动画中要包含谋略、绝技这些东西，还要有一些传统的文化在里面，因为“领导喜欢”……领导喜欢什么动画就做成什么样……

一直以来，国内总认为文化产品属于意识形态领域，于是就非常想通过国产动画片来告诉人们一些道理，故政治性要求太高而娱乐性、趣味性不足。可以说，企业产权不清，政府的过多干预，以及人本主义关怀的匮乏，严重的说教倾向等仍然是限制中国动画发展的主要障碍。

上述对中国动画产业的社会文化环境分析几乎都是来自国家尺度与城市（和区域）尺度的内容。笔者主张，国家层面的产权问题和对动画作品的意识形态管控，以及城市层面的地方政府干预等内容是影响中国动画产业发展的主要社会文化因素。然而，这并不是全部的内容，至少城市和区域层面的企业家精神等因素也同样重要。不过，企业家精神并非在全国都产生了比较明显的影响，事实上，只有个别城市和区域有这样的企业家精神，并对动画产业产生了实质性的推动。

第三节　当前中国动画的发展瓶颈

一、中国动画的价值链结构

动画产业价值链的特征是原创收入占据整个价值链的大部分（大约60%），中段劳动力密集型占据最小的部分（大约10%），终端商品销售渠道收入大约占30%。其中，原创阶段拥有版权授权的永久收入，在国际市场上，常常被美国和日本等发达国家垄断。

中国动画产业由于基础薄弱、原创人才不足等原因，长期为发达国家动画代工制作。国际上典型的动画产业结构是哑铃形的，而国内实际情况却是橄榄球形的（图4-2）。

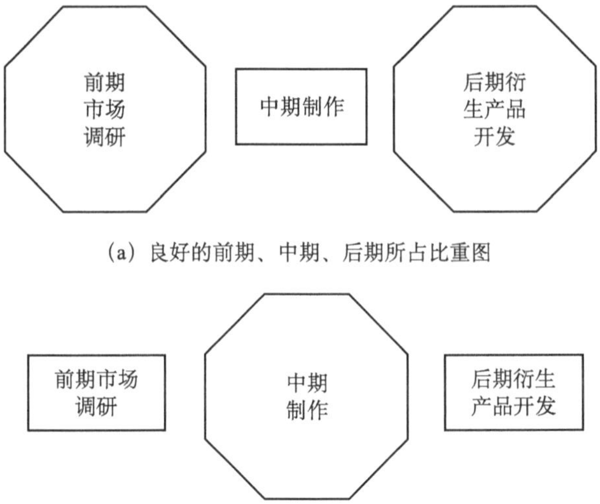

（a）良好的前期、中期、后期所占比重图

（b）国内实际情况

图4-2　动画产业收入分配

资料来源：侯克明（2006）

二、中国动画的主要瓶颈

（一）动画赢利困难

国产动画片在视频播出中现有的赢利模式主要有两种：一是免费送播随片产品广告，二是免费送播依靠政府补贴。低价购播导致制作亏本生产、播出的内部流程显示出非良性循环（图 4-3）。

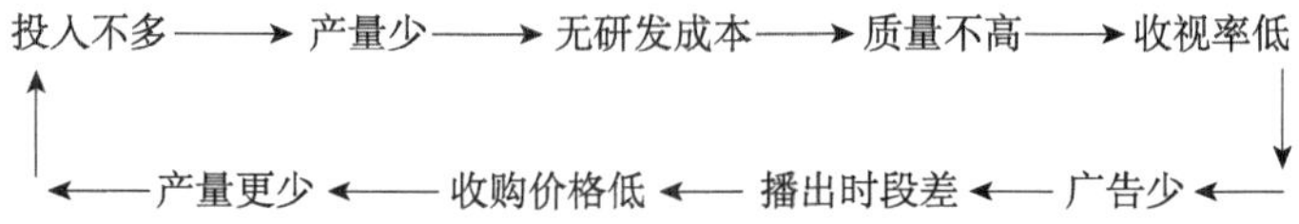

图 4-3　中国动画的非良性循环示意图

资料来源：侯克明（2006）

国产动画片现在赢利往往非常困难，首先，动画市场主要来源：形象授权市场，目前在我国尚未形成。其次，在平面出版、音像市场，面临维权不易的困境。最后，境外市场基本没有。

（二）资源整合的壁垒

中国动画产业发展的第二个瓶颈是资源整合的壁垒，目前尚缺乏一套合理的机制使得中国动画形成一整套良性的产业发展体系。动画企业往往很难获得足够的资源发展壮大，以致长期维持现状。企业面临的困难主要表现在资金投入、人才培养以及产业基地建设三个方面上。

目前，企业获得的资金很大程度是来自政府的补贴，而能否获得补贴往往又与企业性质、人脉关系等有一定的关系，很难确保真正具有实力的企业获得相应的补贴。在人才培养方面，由于国内教育不强调创造性的培养，动画片往往缺乏创意，很难涌现出具有国际水准的动画作品。动画产业基地是催生动画作品的孵化器，目前，国内动画基地有很多，并且国家广播电影电视总局等众多部门都设立了自己的动画基地。在“政出多门”的背景下，各个动画基地很难整合各方面的力量来推动动画产业的发展。

在动画产业发展进程中，国际上形成了几种比较典型的产业模式：以漫画为源头的日本模式、以电影为源头的美国模式和以网络为源头的韩国模式。从这三种国际上比较有代表性的产业模式可以看出，动画赢利模式的根本是要根据国情、市场需求和企业自身情况进行经营和创新。中国动画现在面临的问题恐怕就是缺乏自己的一个有效渠道，来整合相关资源，形成独有的动画产业模式。

第四节　北京动画产业的发展及其在中国动画中的地位

一、上海、广东、湖南、北京——中国动画产业的四大基地

动画产业在我国东部沿海地区主要分布在以上海、广州和深圳、北京为核心的长三角、珠三角和京津冀三大都市区之中。

（一）上海

新中国成立前，上海已经成为国际都市，中国动画的早期作品就是在西方动画传播到上海、被本土动画先驱发现后，经刻苦钻研而创造的。新中国成立后，上海也是除北京之外的重要的政治中心之一。正是基于这些情况，新中国成立初期，国家选择了上海作为中国动画产业的基地，布局了以上海美术电影制片厂为代表的动画企业。在当前的市场经济条件下，上海一方面作为中国最重要的门户城市，动画产业受到来自国际环境中经济层面的外资企业、风险资金，社会文化层面的文化理念、价值标准等因素的影响。另一方面，作为政治中心，产权不清、政府过分干预、文化观念管制等国家层面的因素导致市场运作能力偏弱、作品说教倾向严重也成了上海动画产业发展的障碍。秦喜杰（2006）就曾指出：长期以来，上海美术电影制片厂等国有单位没有商业意识，缺少国产动画制片人，主要为儿童教育服务，只关注艺术风格的追求，只关注获奖。访谈中，某位动画业内人士也同样认为市场化不足是上海动画发展的主要障碍：

上海是真正的中国动画的摇篮。上海美术电影制片厂有最好的资源，但是市场运作能力比较差……

《中国文化产业年度发展报告2006》指出，外商高薪、高福利的措

施很快挖走了上海美术电影制片厂的很多动画人员。上海美术电影制片厂和大多数国有动漫企业一样，承担的教育功能多、衍生品开发不利是阻碍其发展的重要原因（国家文化产业创新与发展研究基地，北京大学文化产业研究所，2006）。

客观地说，上述观点指出了上海美术电影制片厂存在的某些问题。不过，笔者并不主张把这些问题无限放大。事实上，上海美术电影制片厂也进行了很多新的尝试。比如，其制作的《宝莲灯》《我为歌狂》等大型动画影片都是观念较新、制作精良，同时也比较关注市场开发的动画作品。

此外，上海也绝非仅有上海美术电影制片厂一家国有动画企业。上海今日动画影视文化有限公司等经营方式更为灵活、观众和市场定位更为广泛的民营企业在上海也有很多。

笔者认为，上海动画发展受到限制还有其他一些原因。上海动画以上海美术电影制片厂的动画电影为核心。定位为动画电影，意味着面临的竞争对手将是美国好莱坞、梦工厂那些大投入、高技术的三维动画影片。不要说中国的动画企业，即使经济和技术实力都很雄厚的日本企业，也难以望其项背。短期内，上海美术电影制片厂的动画电影很难仅依靠自身的努力达到理想的高度，在国际竞争中获得优势。在发展电视动画方面，上海面临着国内强大的竞争对手。比如，北京具备全国顶尖的播出平台（中央电视台），更多的艺术院校、创意人才以及中央给予的各种有利的文化政策。广东与国外企业合作更为密切，进行外包生产的历史更为悠久，动画产量更多。同时，上海本地很多行业发展水平都很高，动画产业很难获得像杭州、长沙等地方政府那样的特殊照顾。这使得上海动画在全国尽管很重要，但是很难达到更高的高度。事实上，就连中国动画学会这样的动画机构随着中央电视台动画制作的兴起，也已经搬向北京。

（二）广州和深圳

由于精力所限，笔者没有对广东动画进行太多的研究，这部分只作简要的介绍，不作为核心分析。

广东，特别是广州和深圳两市，处于改革开放最前线，从20世纪80年代就开始从事国外动画企业的外包代工业务，产业基础良好，规模、技术全国领先，长期的动漫生产制作实践积累了较多的人才储备。同时，广东市场机制发育较为完善，动画产业的资本大多存在于民营企业，拥有雄厚的资金，积累了丰富的市场运作经验。这些都是国内其他地区难以企及的优势，并使广东动画产业取得了引人瞩目的成果。比如，2003年，广州统一影视数码特技制作中心制作完成的《Q版三国》深受青少年喜爱，取得了全面的成功。2006年，深圳市环球数码有限公司斥资1.3亿元，聘请法国国宝级编剧让·吉罗编剧、美国动画大师格伦·柴卡导演，拍摄了我国首部三维动画电影《魔比斯环》。虽然该片没有取得理想的票房，但是，通过这一影片的拍摄，该公司积累了相关的技术，并获得了一定的声誉。2009年春节，广东原创动力文化传播有限公司拍摄的动画电影《喜羊羊与灰太狼》上映第一周票房就突破了3000万元。

近几年来，其他省市政府纷纷出台了推动动漫产业发展的扶持政策和措施，广东发展动画产业形成了较大的竞争压力。广东的相关扶持政策优势不够突出，对动画企业和人才的吸引力不足，早年积累下来的先发优势开始逐渐消退递减（林亚茗等，2009）。但是，广东仍旧是中国动画产业中最不可忽视的一股力量。特别是它紧邻中国港澳地区，更具领先意识，无论创作理念还是管理方法往往领先于国内其他地区，只要解决好人才和政府支持的问题，在中国动画领域仍然会占据领先优势。

我国东部沿海地区是动画产业分布的主要区域。它们共同的特征是经济基础较好、与国际环境临近、积累了较多的人才以及得到了政府政策的支持。不同点是北京和上海是传统的政治文化中心，原有产业基础好，同时，核心动画企业是国有企业，面临着产权不清、政府干预过多的问题。动画企业很大程度上依靠政府资助，动画片的制作常常是迎合领导的喜好，而不是迎合市场，因而大量的动画作品没有被大众接受，市场绩效不佳。广州、深圳等珠三角城市动画产业以民营企业为主，没有这方面的问题，但是与北京、上海比较，人才相对缺乏，政府支持力度也有待提高。

（三）创意产业的中部崛起——“动画湘军”

湖南处于我国三大地带的中部地区。按照梯度理论，动画这类高端产业应该在经济更为发达，能够提供更好的经济、技术基础的东部沿海地区首先发展起来。特别是中国的动画产业还处在起步阶段，动画企业普遍无法通过自身“造血功能”来实现良性发展，地方政府要推动动画产业的壮大，就必须对企业进行较大力度的扶持，通过向企业输血来促进其发展。在这一点上，湖南与动漫产业发展较快的广东、江苏、浙江相比，相差很远，甚至还比不上一些正在赶上来的省份，如湖北、山东等地（李凤发，2008）。然而，所有“规律”被一个叫做三辰卡通集团有限公司（以下简称三辰）的企业打破了。

三辰的发展与其“当家人”王宏密不可分。王宏原本是湖南电视台导演、编导室主任。1985 年，王宏所编剧和导演的作品《走向远方》荣获第五届中国电视“飞天奖”单本剧一等奖、最佳编剧、最佳男主角、最佳女配角、最佳照明等五项大奖，还曾于 2003 年 4 月获得中国电视艺术家协会授予的“中国电视金鹰突出成就奖”。偶然的机会，王宏了解到我国尚没有音像教材，出于“英雄主义”情节，他从 1993 年开始拍摄国家教委九年义务教育全动画教材，进入动画产业。

1997 年，王宏遇到了北京三辰公司董事长孙文华，两人旋即合资成立三辰，由控股股东孙文华任董事长，王宏任总裁。王宏认为电影卡通已经被迪斯尼做到头了，现在是个电视时代，只要能坚持做几百集甚至是 1000 集，在电视台连续播放几年，就不会不成功。他选择了经典的长篇系列故事《10 万个为什么》为题材，将其改编成《蓝猫淘气 3000 问》，并拿出了自己的全部积蓄做最后一搏。当年 6 月 1 日起，《蓝猫淘气 3000 问》在全国 1020 家电视台播出，迅速在亿万儿童心目中树立了国产动画第一品牌的形象。2001 年 9 月起，王宏领导下的湖南三辰影库卡通节目发展有限责任公司介入卡通形象衍生产品的产业开发，用“蓝猫”文化品牌整合产业，开发出了横跨图书、音像、文具、玩具、服装、鞋袜、钟表、童车、食品、饮料、保健品、日用品、电子用品等十几个行业的系列衍生产品 6600 多个品种。

对于《蓝猫淘气 3000 问》和三辰的成功，王宏本人将其归为湖南本地的人文环境：

……《蓝猫淘气 3000 问》出来后，做动画的年轻人一下子发展到 1000 人，湖南也一跃成为全国最大的动画制作基地，生产和播出都占全国总量的 70% 以上。为什么？这绝不是王宏有多么厉害，关键的是，湖南有着发展动画事业的天时、地利、人和。湖南作为文化大省、教育大

省、艺术美学之乡的人文环境和充足的艺术人才资源，特别适合诞生大的动画企业、建设现代卡通城……（李玉梅，2004）

湖南艺术人才资源充足不假，但问题在于，北京、上海、广东等省市的艺术人才都不比湖南差。笔者认为，三辰以及湖南动画的成功有很多原因，包括地方政府的大力支持、电视等相关支持性产业发展较好等，然而，最重要的原因还是三辰和王宏本人的大胆创新。这至少表现在以下三个方面：

（1）在动画题材上，选择了较容易突破的电视动画，电视动画中又打破了传统，拍摄了动画长篇，充分发挥了动画片规模优势。

（2）在技术方面，引进了一套电脑制作的动画技术，改变了传统的手绘动画模式。电脑制作最大的特点就是能够大规模生产，这样既照顾艺术家的个性，又能够满足大规模生产的需求。这种技术创新改变了我国传统手绘动漫和小作坊生产的历史，实现了网络大规模生产和分散创作的融合，使生产效率提高了 16 倍。

（3）在市场运作方面，积极涉足衍生品领域，通过授权品牌形象等获取了更多的利润。虽然上海美术电影制片厂等单位也有很多卡通形象有大量的授权，但是三辰对“蓝猫”形象的运作更为成功，被称为中国卡通的第一品牌。在笔者访谈中，也有专家指出，“中国目前，湖南是市场运作最好的”。

湖南动画的成功不是经济实力造就的，也不是因为动画制作人才更多或水平更高，其核心的竞争力来自本地人勇于创新、敢于承担风险的性格即企业家精神。三辰董事长孙文华曾指出，动漫产业是“资金密集型、科技密集型、知识密集型和劳动密集型”的产业，具有消费群体广、产品生命周期长、高成本、高投入、高附加值等特点（翁海华，2007）。它的产业特性已经注定，那些勇于尝试、具备企业家精神的地区更容易在竞争中获胜。有人曾经对湖北和湖南的动画产业做过比较（李娜，2008）：两省同属中部地区，动画产业起步时间几乎一样，然而，湖北人比较保守，倾向于给国外公司做外包加工，而不是从事高风险的原创，导致没有自己的动画品牌。与之相反，几乎每个湖南动画企业都有自己的原创品牌（譬如三辰的“蓝猫”、宏梦卡通的“虹猫蓝兔”、山猫卡通的“山猫”、金鹰卡通的“超女娃娃”等）。通过开发卡通衍生产品，在播出和衍生品等整个动画产业链赚取利润，湖南动画产业在国内取得了领先地位。

不过，这里有一个潜在的问题：北京、上海、广东等地也有大量的动画企业。虽然近代以来，湖南人敢于创新是不争的事实，但是其他地区也未必很差。特别是广东、江浙等地的动画产业也都善于经营。访谈中，有专家指出湖南动画的兴起与地方政府的支持也有关系：

湖南其他产业太少，集中精力做文化产业，会引起整个政府和社会的共鸣。其他城市，比如上海，所有的行业都很重要，不会把精力主要放在动画产业这一块。它很清楚自己的优势在什么地方。

事实上，湖南省政府先后召开 30 多次动漫专题会议，研究和制定扶持湖南动漫产业发展的议题，先后制定了 6 个政治性的制度，也拨出了 4 亿元的专项贴息贷款，来扶持湖南的动漫产业发展（刘妮丽，2008）。湖南的“电视湘军”还率先开通了全国首家专业卡通频道——金鹰卡通卫视。

另外，还需要注意的是，那就是湖南远离国家“主旋律”的社会文化区位，造成了其面临的环境远较北京和上海等政治中心宽松。比如，访谈中有业内人士谈到：

湖南人就是敢干、敢学，看国外的各种娱乐方式就学过来，如果在北京，搞着搞着就搞成政治问题了。

事实上，湖南宏梦卡通制作的《虹猫蓝兔七侠传》于 2007 年在中央电视台热播之际，因为有家长反映，该动画有宣传暴力的倾向而被停播。本书无意于争辩该动画是否真的有暴力倾向，但可以看到的是，在北京，社会舆论的影响远较湖南强烈。

综上所述，笔者主张正是湖南远离国家层面传统“主旋律”的文化观念和城市层面自身积淀的勇于创新的企业家精神、地方政府支持又不过分地干预共同铸就了湖南动画的崛起。这两个层面的社会文化因素是湖南动画发展的主要社会文化动力。

（四）北京

北京发展动画产业有很多得天独厚的条件，众多的高校、良好的文化氛围对包括从事动画行业在内的各种创意人才构成了巨大的吸引力。比如，有业内人士对笔者说：

现在所有创意做得最好的都是在北京。这也就是为什么北京有“北漂”，没听说过上海有“沪漂”，广东有“广漂”。关于文化政策这方面，肯定是北京的氛围最好……创意这东西不是说政府引导就能做出来的，有时候一个好的创意人才就能带领起一个创意产业。

然而，仅有创意人才和文化政策的支持是远远不够的。北京目前真正叫得响的动画作品很少。究其原因，笔者认为，主要在于北京作为首都和政治、文化中心，社会文化环境的国家尺度上深受传统经济、政治体制、传统观念以及“主旋律”意识形态的影响。北京的动画产业一定程度上依附于中央电视台和北京电视台这样的国有媒体，主要的动画生产企业和部门包括：中央电视台青少部、中央电视台下属北京辉煌动画公司，以及北京电视台下属的卡酷动画卫星频道有限公司。显然，这种局面距离完全的制播分离还存在很大距离。产权不清、政企不分、市场化程度低成了北京动画业发展的主要障碍。同样是在访谈中，又有专家谈到：

北京有钱没有市场运作。这和北京文化底蕴、政府拨款有关系。现在中央电视台也在改制，搞股份制，但不是很容易。前段时间，它们制作了一部动画片——《三毛流浪记》。好多企业现在想尝试这个领域，现在进去（动画产业）以后一看，不行（发现不能赢利），影响了一大批人。

当然，仅用个别专家的言论尚不能解释清楚北京社会文化区位与其动画产业的关系，特别是难以证明国家层面的产权关系、价值观念以及由此导致的企业市场化不足是阻碍北京动画产业的关键。下面例子则提供了很好的补充，至少可以说明上述观点绝非空穴来风：

由北京电影学院院长孙立军导演，北京电视台、北京紫禁城影业有限公司等单位联合拍摄了动画电影《小兵张嘎》。该片历时 6 年、投资1200万元人民币，汇聚了600多位动画精英的心血和智慧，并且起用了许多著名演员配音，2005年刚刚完成就获得了中国电影华表奖。然而，就是这样一部精心制作的动画电影却在国内外两方面接连受挫。该片送到戛纳国际电影节动画竞赛单元参赛，却以“让小孩子参加战争，会引起争议”为理由遭到组委会的婉拒。送到发行商准备到院线放映，却不被发行商认可，他们认为这个动画片没有市场，根本不可能收回成本。这样，在诞生一年半后，《小兵张嘎》仍然“待字闺中”，竟然没有大规模放映。其实，早在孙立军准备筹拍该动画片时，就有人警告该动画可能会在市场上失败。按照孙立军本人的说法，著名导演“一枪就把这个题材给枪毙了”，并发出了“你拍这个谁看啊？必赔无疑”的质疑。然而，孙立军仍然固执地认为该动画可以创造2亿元的产值（刘晋锋，2006）。

为什么会出现如此大的反差？当然动画制作方与发行商各有自己的说法。孙立军认为他接触的发行部门都偏“弱智”（刘晋锋，2006），发行商则认为该片不能收回一半投资。不过，笔者更愿意相信发行商的判断，毕竟他们更了解市场。笔者在访谈中遇到的一位动画编剧就《小兵张嘎》在市场上的失败，在其所写的报告中写道：

为什么他们做的动画失败了？没人愿意给投资？动画异常艰苦地拍出来还不能发行？原因再明显不过了。因为在拍这部动画电影时制片方自始至终根本没想过是给观众看，完全是一种自我梦想的完善在驱动他们做此事。

显然，这位编剧也不赞同《小兵张嘎》这一题材。从国际上看，鼓励儿童参加战争，不符合国际潮流；从国内看，说教性强、缺乏夸张与想象力的作品已经很难得到21世纪的少年儿童的认可。

当然，按照孙立军的说法，该片是出于制作者们振兴中国动画的伟大理想和自身的艺术追求，这无可厚非。不过，在市场经济条件下，作为一种经济行为，为什么《小兵张嘎》这种“主旋律”动画片明明不被发行商、著名导演看好，却依然能够得到资金支持并完成制作发人深省。笔者求教于那位动画编剧，得到如下的回答：

最后还是国家付钱，国家给了一定的奖励，最后还得了中国电影华表奖，然后给的钱……企业基本不亏本，而是市场亏本了。

难以想象，没有政府大力度的资助，哪些人还会为了“梦想”而投巨资拍摄动画片？北京动画，乃至大部分中国动画由于深厚的政府背景，在题材选择上倡导了“主旋律”，忽视了市场绩效，这是北京等地动画产业难以真正腾飞的重要原因之一。

二、北京动画产业的发展趋势

近年来，北京动画产业发展迅速，在制作实力、产业基地建设、播映平台拓展等方面取得了可喜的成绩。但与此同时，政策得不到有效落实、产业链不完整、产业协作能力差、高端人才缺乏、知识产权保护不力、营销观念滞后等问题也制约着北京动画产业的进一步发展（惠东坡，2012）。

从 2005 年开始，“制播分离”的效果开始显现：北京的原创动画由北京电视台一枝独秀的局面逐渐被打破。据国家广播电影电视总局统计数据显示：2010 年北京市原创动画片的生产中，北京卡酷动画卫星频道有限公司生产的动画片数量排在第 5 位，已经落后于北京万豪天际文化传播有限公司、北京联盟影业投资有限公司、北京青青树动漫科技有限公司、北京神笔动画制作有限公司四家新兴标杆企业。

影视动画产业是北京文化创意产业中的重点产业，北京市委市政府高度重视，通过多种行之有效的手段支持影视动画产业发展。特别是伴随着近年来北京市文化创意产业的大力推进和文化创意产业扶持资金的设立，北京市动画产业的多个项目得到扶持。2006 年以来，北京市文化创意产业发展专项资金支持了包括《福娃奥运漫游记》等在内的一批具有良好社会效益和经济效益的精品动画生产项目；北京市文化创意产业聚集区基础设施建设专项资金对海淀区、石景山区、通州区的动画产业基地的基础设施、公共服务平台给予资金支持；北京市文化创意产业领导小组办公室在与金融机构的合作中，也将影视动画产业作为投融资服务的重点，目前北京银行支持的影视制作和动画项目为 27 笔、放贷 7.1 多亿元，占北京银行文化创意产业贷款项目总数的 31%，占贷款总金额的 44%，有力地支持了北京地区影视动画产业的发展（赵文侠，2009）。2009 年 6 月，北京市广播电影电视局举行本市“国家动画产业基地”授牌仪式，将国家广播电影电视总局颁发的“国家动画产业基地”授给海淀、石景山和通州这三个文化创意产业集聚区。

经过一年的研究论证，《北京市关于支持影视动画产业发展的实施办法（试行）》于 2009 年 6 月出台，并面向社会发布。从动画制作到播出，政府都给予大量的补贴。对于北京影视动画机构立项且参与制作并在国内院线上映的动画电影，按投资比例奖励票房收入的 3% ～ 5%。对于在北京立项、具有自主知识产权的影视动画片，在中央电视台、北京电视台卫视频道、北京电视台卡酷卫视 17 ～ 24 时播出的，按照相应的标准给予 300 ～ 2500 元数额不等的奖励。

在我国大力推动文化创意产业、特别是动画产业发展的背景下，作为首都，北京动画产业的发展面临着新的历史机遇。一方面，国家出台的有关政策，对外国动画片的播出给出了严格的限制，给予了国产动画片更多的播出机会。另一方面，北京市政府也对北京的影视动画机构给予了大量的补贴。考虑到国家对于动画的支持，特别是在播出平台方面对于国产动画的一边倒的倾斜，北京动画可以获得更多的播出机会。并且在很长一段时间内，依靠北京市这样一个得天独厚的广播电视环境（专门的播出频道、大规模的资金扶持等），必将制作出大量的动画作品。

但是，北京动画的发展仍然面临着两方面的挑战：首先，对外国动画片播映的限制很可能成为一把双刃剑。北京的动画片即使与国内的一些动画在竞争中处于某种优势，但是，放眼国际，国内的制作水平和国际上仍有较大差距。并且，随着时间的推移，有可能这种差距会越拉越大。其次，对于动画的补贴是否能够切实推动动画产业的发展，有待观察。特别是行政资源可能影响到经济资源的配置。中央电视台、北京电视台对于动画的播出与否有着高度的垄断权力，动画制作企业常常将资金运用到公关以获得播映权，从而获取相应奖励。事实上，在笔者的访谈中，也有一些业内人士对此表示过担忧。因而，从长期来看，北京的动画发展能够达到怎样的高度，是否能够像美术产业一样，成为国际市场上的“宠儿”仍然有待观察。

第五节　北京动画产业的产业链与社会网络

一、北京动画的产业链

陈淑姣（2013）对北京动画产业链现状的调查指出，北京动画产业赢利模式包括：①原创动画的渠道驱动。这种模式以北京卡酷全卡通动漫文化有限公司最为典型。②原创动画的联合营销。原创动画并联合营销的赢利模式主要以动画创意为核心，打造精品动画，然后联合知名传媒营销公司发行播出，分享版权同时分担风险，并向音像、图书、玩具各种衍生品的产业链下游拓展，逐渐打通产业链实现赢利。以北京铁皮青蛙创意文化传播有限公司为例，该公司一直采用原创动画、联合营销的赢利模式。③加工制作与反哺原创。代工赢利模式要求动画公司有合格的质量标准体系和精湛的动画制作技术来进行动画片产业链的“生产制造”，以“代理加工”建立品牌并进行资本积累，通过“代工”走上“原创”之路。④技术研发与销售服务。以北京迪生动画科技有限公司为例，其特点是公司以雄厚的技术支持与服务成为技术设备供应服务商，向客户提供包括总体方案设计、设备引进、技术服务、业务支持的全方位的动画技术服务，从而获得赢利。⑤新媒体的融合。在动漫与新媒体的不断融合中，一种新的赢利模式逐渐形成，即动画、漫画创作生产—传统媒体与新媒体刊载、播放—动漫形象品牌形成与持续发展—品牌授权与管理—动漫衍生产品的设计与开发—动漫产品营销推广与网上贸易。

二、北京动画的社会网络

尽管拥有中央电视台、北京电视台这样权威的传播平台，以及众多艺术院校和动画人才，北京动画产业的发展却始终不尽如人意。北京动画制作机构的数量位居全国第一，但是每年完成动画的产量却位于广东、湖南、上海等省市之后。这意味着北京动画企业规模不大、效益不高。

北京动画产业一定程度上依附于中央电视台和北京电视台这样的国有媒体。主要的动画生产企业和部门包括中央电视台青少部、中央电视台下属的北京辉煌动画公司、北京电视台下属的卡酷动画卫星频道有限公司。显然，这种局面跟完全的“制播分离”还存在很大差距。在中央对动画产业高度重视的背景下，地方政府响应号召，把发展动画产业作为一个政绩工程来抓，至少两种手段被用来促使民营企业进入动画产业领域：资金奖励和土地优惠政策（图 4-4）。一些民营企业通过制作动画并不能收回成本，但是通过政府的奖励可以帮助企业维持生产。另外，很多动画企业的经营者有房地产经营的背景，介入动画领域，真正目的并非是发展动画，而是以此为由获取土地和各种优惠政策。

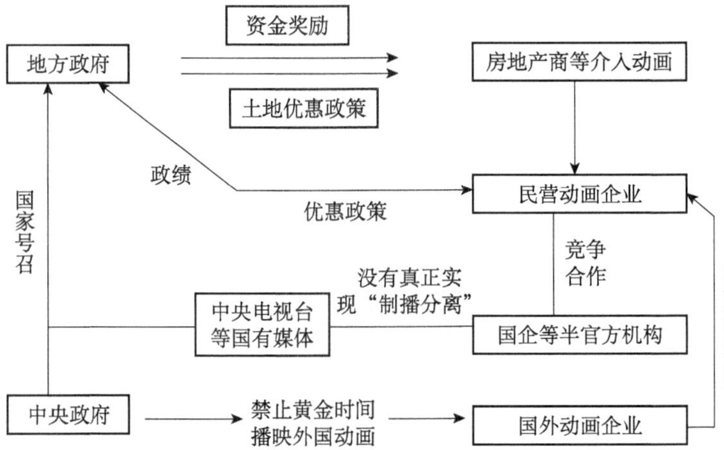

图 4-4　北京动画产业发展中的社会行动者及网络关系

第五章
北京相声产业发展研究

相声是我国北方京津一带流行的语言类表演艺术，有着悠久的历史。相声具有强烈的地方特征，其地方性的形成机制值得探讨。地理学家要回答是哪些因素导致相声的空间分布受到局限，或者说哪些因素使得相声成为一个区域独自拥有的艺术形式。正如 Scott（2000，2001）指出的，伴随着文化经济网络的全球扩张，各地方中心需要建立自己的竞争优势，地理成为研究文化经济的基础。

人们普遍认为，相声的发展土壤在京津地区。近年来，北京的相声产业发展尤为红火，小剧场演出为其主要演出形式。以往人们倾向于认为，本地相声受众的语言是相声发展于此地的主要原因。但是有一个证据打破了这样的结论，这就是在快速城镇化的过程中，外来人口的比例日益高于本地居民，而以德云社为代表的多家相声团体仍然如雨后春笋般在北京出现。因此，本书尝试从相声从业者的社会网络发现新的原因。本书通过访谈调查，发现如下结论：第一，北京相声从业人员的社会网络具有师徒关系的空间绑定、实体舞台和虚拟舞台人脉充足的特点，因此相声演员更倾向选择在北京发展。第二，相声演员与北京众多的演出团体，尤其是现代话剧和脱口秀演员的互动，促进了相声艺术的创新和进步。第三，这种嵌入在本地和全球社会网络关系中的发展，呼应了“全球地方感”理论——地方是由丰富的社会互动过程所建构起来的，是不断变化的；同时也是开放的、与外界密切联系的。

第一节　关于影响表演艺术空间分布的因素研究

传统上，文化地理学将戏剧等表演艺术的空间分布归因为自然地理环境和语言环境（胡兆量等，2009）。近年来，文化创意产业的布局成为地理学研究的热点，产业环境和社会环境也被认为是影响包括表演艺术在内的文化创意产业分布的重要因素。

一、自然地理环境

胡兆量等（2009）曾指出“江南水乡……人烟稠密。人与人的距离较近，歌声不需要传到很远”，于是形成了“委婉柔和的旋律”。因而，传统上，表演艺术的风格往往是与自然地理环境有一定联系的。然而，就当代的表演艺术而言，这并非是一个关键条件。伴随着现代传媒在各地的兴起，一向温婉的南方也出现了从事“摇滚乐”等更具“北方豪情”艺术形式的艺术家。

自然地理环境与表演艺术的另一个可能的关系来自经济学家 Glaeser（2004）等的研究，他指出气候宜人的地区更能吸引人才，从而推动城市经济的发展。美国阳光地带文化产业的发展可能对此提供了佐证。然而，放眼全球来看，除了极端恶劣的自然环境外，表演艺术都有可能发展，包括纽约、伦敦等气候较冷的城市表演艺术同样繁荣对此提供了有力的证明。

二、语言环境

传统上的戏曲深受各地语言环境差异的影响，形成了种类繁多的地方戏剧。相声脱胎于戏剧，因而其发生发展在一定程度上与语言环境也是有联系的。但是随着普通话的广泛推广以及电视媒体的广泛覆盖，相声等表演艺术被全国各地的人所喜爱，甚至出现了“全国小剧场相声联盟”。因而，语言环境对相声等表演艺术的影响呈现不断减弱的趋势。即便在北京，大量的城市新移民主要的语言是普通话，而非“北京话”，因而语言环境并非相声产业在北京发展的主要原因。

三、产业环境

城市中心总是创意力之炉（理查德·佛罗里达，2006）。文化创意产业呈现集中在城市，特别是大城市的趋势，表演艺术也是如此。一方面，表演艺术需要大城市的巨大市场和相关产业的支撑。另一方面，它也需要一个集聚的环境，以便相互学习和进行创新。正如 Keeble 和 Nachum（2002）主张的，制造业的集聚主要是从供给和需求的角度去考虑，而服务业主要是从集聚学习和创新环境角度来探询集聚利益。北京在这方面得天独厚，戏剧、大鼓等传统喜剧以及话剧、脱口秀等现代喜剧的发展都有可能为相声表演的繁荣发展提供动力。

四、社会环境

Scott（2000）和 Kong（2005）曾指出文化本质上是一种社会现象，文化经济的再生产具有社会属性。目前，地理学家已经用大量的案例证明艺术（Kong，2009）、音乐（Gibson，2002，2003；Einarsson，2005）、影视（Coe，2000；Coe，Johns，2004）等产业部门的发展，与地方的社会环境有非常密切的联系（比如，从业者彼此之间的相互信任和合作等）。其中，Coe（2000）、Kong（2005）等更是从社会网络的视角，强调文化经济（产业）的发展是处于不同尺度下的社会网络关系中。所谓社会网络，按照 Borgatti 和 Foster（2003）的定义，即具有节点效应和联系的社会关系。Scott 和 Lily Kong 在他们各自的研究中分别对温哥华和香港的电影业进行了分析，论证了两地电影业的发展都需要与关键决策者（除制作人外，还包括少数领先的工作室经理、设备公司经理、后期制作公司经理、政府官员、招聘中介等）建立一定的社会关系（网络），才能获得必备的资金、流通渠道，才能起到规避风险的作用。Scott 和 Kong 的研究都指出，电影业的社会关系网络存在于不同的空间范围、不同的情境和结构下，然而，它们是紧密联系、相互建构的（比如，不能脱离美国娱乐业，来讨论温哥华或加拿大电影产业的发展）。它们是全球化的，同时也是具有地方性特征。

所谓地方性就是地方的独特性（周尚意等，2011；唐顺英和周尚意，2011）。个人和机构在特定的地域分享价值观、理念，建立社会关系，也塑造了地方的独特性。关于地方本身的认识有很多流派，包括以海德格尔（Heidegger）为代表的现象主义空间理论，将地方视作孤立的、拒绝一切超越地方边界的联系的观点；也有以哈维（Harvey）为代表的马克思主义者，主张从超越地方的社会关系来理解地方性的观点。哈维主张，不同地方对于资本力量的响应不同，便催生出不同的地方特质和社会关系。这一主张相比于海德格尔的观点无疑是进步的和更富于解释力的。然而，过于强调资本在地方性塑造中的作用，将地方性主要看作资本的积累以及不同阶级的社会关系的差别，仍然有将问题简单化的倾向。Massey（1994，1995）对哈维的学说提出了不同意见和重要补充，她指出包括种族、性别等也是社会建构的重要方面，同样对于地方性的塑造具有重要意义。Massey 认为，如果将空间看作不同尺度中的社会关系在特定的时空下的产物，那么地方就是这些社会关系的连接，以及对这些连接的认识。边界并非地方的本质特征，从一个长期的历史角度来看，社会关系延伸于超过地方的运动和社会交往。这些社会关系的连接构成地方的独特性，不是说这些关系只存在于本地，相反，全球的、外来的都可以被认为是本地的、内部的一部分。在一定意义上，大部分地方都是“聚会的地方”，即使所谓的“土著”一般也是来自其他地方。

Massey 指出，纽约、东京和伦敦成为在世界经济中占统治地位的全球城市，是因为它们是弥漫在空间中的社会关系的焦点，并且处于权力所在的关系的节点。依此而论，北京作为一个国际性的大都市，同样承载了不同空间尺度之中丰富的社会关系。本书吸收了 Scott 和 Kong 等关于社会网络对文化创意产业影响的研究成果，以及 Massey 的地方理论，认为北京相声产业的发展正是在全球和地方的社会网络的构建之下、历史和当前的文化潮流的影响之下进行的。在一定程度上，植根于北京本地的相声产业的社会网络关系塑造了独一无二的“北京相声”。

第二节　相声的发展历程及空间特性

相声是一门语言艺术，是传统民间说唱艺术中最重要的一支。民间说唱艺术的历史最早可以归于在瓦舍、勾栏进行表演的“宋代百戏”。到了清朝末期，相声这种艺术形式才在北京，由相声祖师“穷不怕”朱绍文等一些艺人发明。

1949 年后，说唱艺术统称为“曲艺”，并进入剧场进行表演。虽然相声演出纳入了国有计划经济体系，依附于国有的演出团体和电视台，但是并没有形成真正的产业。为了适应新中国欣欣向荣的社会风貌，一种后来被称为“歌颂型相声”的品种被研发出来，并在马季等一批表演者手中发扬光大。尽管这一相声类型，与相声原本以讽刺见长的特点格格不入，但依然逐渐成了新相声的主流。这样，原本发端于“草根”、市井的表演艺术，登上了中央电视台的“春节晚会”等大雅之堂。

到了 20 世纪末期，随着社会的发展，以电视为主要载体的“歌颂型”相声的弊端日益暴露，已经难以适应大众对“幽默”的需要。相声重回剧场的声音开始被相声界的有识之士所倡导。20 世纪 90 年代，著名演员李金斗在北京成立了“周末相声俱乐部”。21 世纪初，以郭德纲为“班主”的相声演出团体“德云社”又走入了公众的视野。大量的北京市民和外地游客开始走入剧场看相声，而不再是单纯地从电视上欣赏。在这种观众自愿掏腰包，演员依靠票房获得收入的条件下，相声作为一种新兴的产业类型初露头角。

目前，传统的广播电视相声仍然占据半壁江山；剧场（茶馆）相声方兴未艾。在北京，除德云社外，已经有新笑声客栈、嘻哈包袱铺、星夜相声会馆、周末相声俱乐部、乐活卉等众多民间演出团体。这些民间团体是相声产业化的生力军，吸引了广泛的注意力。如今，到小剧场看相声演出已不仅是北京百姓生活中的习惯和需要，也成为外地游客欣赏“京味文化”的重要方式。

第三节　北京相声产业的社会网络研究

国内外已经有一些学者从经济活动嵌入在社会网络中的视角对文化产业进行了研究。本书为了相对全面地分析北京相声产业的社会网络状况，从两个方面展开研究：其一是从相声从业者个体出发，探究以相声演员为代表的从业者的社会网络关系；其二是从北京相声演出团体整体出发，探讨整个相声产业的社会网络概况。

目前，关于文化产业的研究，国外以定性访谈为主，国内以数据分析较为多见。考虑到相声产业的特点，以及研究方法的可操作性，笔者于 2013 年 9 ～ 11 月和 2014 年 5 月采用以下方法围绕“北京相声产业的社会网络和地方性特征”进行了调研：

（1）访谈法。选择 3 位知名相声演员和若干演出团体进行深入的访谈，获取一手资料。

（2）问卷法。选择了演出团体“乐活卉”的多数成员进行社会网络分析中的“自我中心网”的问卷调查。

（3）观察法。一是直接观察。直接到小剧场观看相声表演，体会相声表演艺术的魅力，探究小剧场相声受欢迎的原因；二是参与观察。一方面，进入到相声团体的后台，与相声演员进行相对深入的交流；另一方面，利用“北京脱口秀俱乐部”等团体对外开放的机会，与脱口秀演员有近距离的接触。

（4）文献分析法。通过网络、刊物和大众读物等相关资料，获得了较为可靠的二手资料。

一、对相声从业者个体的社会网络分析

社会网络可以有各种类型，主要有整体网络研究和自我网络研究两大流派（齐心，2007）。前者深受社会学家齐美尔（Georg Simmel）的影响，把结构当作一种客观存在，考察一个社会系统内所有组成单位之间关系的综合结构。后者深受布朗（Radcliffe Brown）等人类学家的影响，从个体角度来界定社会网，强调利用社会网络争取社会资源以及获得地位的意义。与关注群体内的关系模式的整体网络分析不同，自我中心网络分析（egocentric network analysis）关注的是个体的网络。

本书选择用关注个体的自我中心网络分析法，特别是对相声团体中个体的“重要问题讨论网”进行分析。假定在每一被调查者的周围都存在一些与其讨论过重要问题（这里专指相声和相声产业相关问题）的人组成的社会网络。

我们调研的相声团体乐活卉是一家于 2012 年成立的新团体，和北京多数小剧场演出的团体一样，以“八〇后”青年人为主。由于小剧场的兴起也是近年发生的事情，各个演出团体情况差别不是很大，因而我们选择的这一团体在一定程度上可以部分反映北京相声团体的总体状况。

目前，乐活卉共有 12 位演员以及 6 位工作人员，笔者对其中 7 位演

员（含 1 位负责人），以及 1 位经纪人做了问卷调查（表 5-1）。分析的基本单位是围绕每一个被调查者提问："相信您一定会和其他人讨论一些关于相声和从事相声工作的问题，请您回顾一下，最近半年中，与哪 5 个人讨论过这些问题？请将这些人的资料填入后面的表格……"这样，8 个受访者提出了 40 个讨论对象，对这 8 个讨论网（40 个讨论对象）的关系数据汇总，则可以得到此相声团体的社会网络的一些特征（表 5-2）。

观察表 5-1，我们可以发现这个相声团体以二三十岁的人为主，同时，也有个别未成年的"学徒演员"。访谈中了解到团体中一半人员是演出团体的一位负责人的学生，其他人则主要是喜欢说相声的朋友介绍过来的同事。根据问卷，我们知道这些人大多全职从事相声表演工作。因此，团体内部倾向于"强关系"的方式连接。这些个体对"与讨论对象的关系是否非常亲密"的回答也证实了这一点（表 5-2 中讨论网络成员与中心人物的关系非常亲密的比率达到 77.5%）。

表 5-1　8 位中心人物的特征

年龄	性别	文化程度	学相声时间	籍贯	全 / 兼职	职务
35	男	大专	28 年	北京	全职	演员
26	男	大本	3 年	山东	全职	演员
26	男	中学	1 年	北京	全职	演员
14	男	中学	3 年	北京	兼职	演员
28	男	大本	3 年	辽宁	全职	演员
36	男	大专	10 年	河北	全职	演员
26	男	大专	4 年	河北	全职	演员
29	男	大本	0 年	北京	全职	经纪人

具体而言，表 5-2 中的数据还表明以下几点结论：首先，相声从业者日常的交流倾向于关系非常亲密的老师、以前和现在团体的同事（70% 以上）。其次，面对面的交流是非常重要的，62.5% 的交流都需要当面来完成。最后，这些从业者主要交流的问题是专业技能。这与访谈中了解的情况基本一致。相声产业的运作实际上多由"班主"和经纪人来完成，其成员多数对这些并不关注。这样，从一个普通相声演员的角度出发，其师傅和同事的影响力是非常大的。访谈中，多位受访者也表示其所拜的师傅或者联系紧密的带头人（通常所说的"班主"）也在北京，彼此之间长期密切合作，形成了社会网络的"强关系"。

表 5-2　网络成员与中心人物的关系构成及交往状况

关系类型		关系亲密程度		交往方式			交往频率（你们多久联系一次？）					交往内容（你们所讨论的问题主要是关于哪方面？）		
		非常亲密	不是非常亲密	见面	电话	网络	几乎每天	每周几次	每月几次	每年几次	每年不到1次	相声专业技能	相声的产业化	相声圈的人际关系
老师	9（22.5%）	9（22.5%）		9（22.5%）			3（7.5%）	3（7.5%）	2（5%）	1（2.5%）		7（17.5%）	1（2.5%）	1（2.5%）
现在团体的同事	15（37.5%）	14（35%）	1（2.5%）	11（27.5%）	4（10%）		8（20%）	4（10%）	2（5%）	1（2.5%）		8（20%）	6（15%）	1（2.5%）
以前的同事、朋友	12（30%）	5（12.5%）	7（17.5%）	3（7.5%）	8（20%）	1（2.5%）	2（5%）	4（10%）	2（5%）	3（7.5%）	1（2.5%）	8（20%）	1（2.5%）	3（7.5%）
其他人	4（10%）	3（7.5%）	1（2.5%）	2（5%）	2（5%）		1（2.5%）	1（2.5%）	1（2.5%）		1（2.5%）	3（7.5%）	1（2.5%）	
合计	40（100%）	31（77.5%）	9（22.5%）	25（62.5%）	14（35%）	1（2.5%）	14（35%）	12（30%）	7（17.5%）	5（12.5%）	2（5%）	26（65%）	9（22.5%）	5（12.5%）

注：括号外数字为样本个数，括号内数字为样本占所有讨论对象（本调查中为 40 人，也即 100%）的百分比

二、对相声产业整体的社会网络研究

目前，相声的产业化仍然是初级阶段。相声团体外部的联系对象并不是非常多。政府虽然重视北京文化的发展，但是受访者表示支持文化产业的资金很少能投入到民间团体中来。同时，与影视等行业需要借助与制片人、导演和投资方的社会网络规避风险、减少交易成本不同，相声团体的经营成本不是很高，因而这方面的联系也不多。受访的几个团体也都没有很专业的经纪人以及推广者（尽管曾提出这样的设想）。根据访谈中的调研情况，需要经常联系的外部行动者主要包括其他演出团体和媒体。

（一）与其他演出团体的社会联系

北京相声演出团体分为国有演出团体和民间演出团体两类，套用一位受访者的话说“有国家大团体直接培养出来的主要在电视上说的相声演员，也有直接面对观众的小剧场的演员”。虽然团体不同，但是，相声这种传统艺术遵从着传统的师承关系，因而演员之间常常是彼此有着千丝万缕的联系。一些国有团体的演员偶尔到民间团体的小剧场助阵演出；一些在民间团体成名后的演员，也有可能被一些国有团体纳入麾下。

此外，北京拥有全国最多的各类表演艺术团体。相声从业者往往还与其他类型的演出团体存在一些联系。比如有相声演员指出：“有艺术觉悟的演员，他会跟话剧界的、文学界的、书画界的都有交流。一般的还是跟戏曲演员和曲艺演员接触多一点。”一般而言，主要交流对象包括传统的大鼓、快板、话剧等说唱艺术演员，也包括如脱口秀等具有西方特色的艺术演员。由于说唱类艺术在很多方面是类似的和互补的，这种联系在很多相声从业者的社会关系中也占据重要地位。比如，访谈中有演员就向笔者介绍到，他们在尝试将相声和话剧相结合，做“相声剧”的演出：“我们现在的相声剧就是跟中央戏剧学院毕业的专业导演在合作。一定是相声演员的‘嘴’加上话剧演员的‘腿’等于‘好玩’，相声演员玩话剧结构不行，把两个结合在一起才更有意思。”又如，北京脱口秀俱乐部就有以前从事相声表演的人转行进行演出。一些相声演员也来到脱口秀演出团体互相交流，以寻求新的演出思路。

（二）与媒体的社会联系

北京拥有全国最多的传媒机构，引领着大众媒体的话题。传统上，国有演出团体占据着广播电视相声的主体，近年来，民间团体的演员也在电视等媒介获得了越来越多的机会（图 5-1）。媒体（特别是电视媒体）的存在为相声提供了更广阔的、虚拟的展示空间，对于相声演员个人和相声艺术整体的传播和推广起到了至关重要的作用。比如，有演员告诉笔者“北京相声群体有利用媒体的一个传统，多年累积下来的”，也有演员说“某某团体一开始就是靠着媒体的炒作红火起来”。

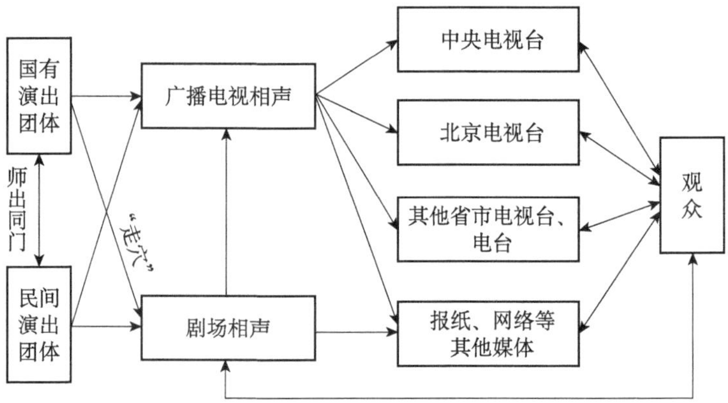

图 5-1　北京相声团体和媒体的网络关系

当然，媒体并不是相声团体能够成功的唯一原因或者根本原因，正如有受访者所说的“北京相声发展好和媒体更多、更聚焦肯定有关系，但不是主要原因。你仔细分析一下，德云社之所以红，和郭德纲的相声好有很大关系，嘻哈包袱铺能被很多人熟知，也跟他有一群年轻人努力去创新有关系”。所以，更准确一点说，北京的相声和媒体彼此之间更为融合，形成了一种微妙的共赢关系。如受访者所言：“北京的相声更符合现代电视传媒的节奏，所以你会看到北京的相声经常在中央电视台出现，从马季、姜昆上电视说相声开始，一直有这个传统。其他地方没有这种传统，至少没有北京这么好。”从这里看出，北京的相声演员和媒体彼此之间有着长期磨合才能形成的默契。

尽管受访者大多强调媒体宣传的重要性，但是当笔者问一位演员是否会主动联系媒体时，得到的答复是：“主动联系，人家不会把你当回事，自己不强，怎么宣传都不行，自己强了，不用请就来了。”从这个意义上说，相声团体和媒体的联系是一种“弱关系”，即更多地出于各自专业的需要，并不存在更多的共谋利益。

第四节　北京相声产业的地方性

目前，全国小剧场相声联盟在杭州、成都、西安、兰州、济南、沈阳等地都设有据点。但是，真正形成红火的演出市场，培养出观众听相声消费习惯的仍然主要在北京和天津两地。特别是北京相声，其影响力之大绝无仅有。周尚意等（2011）指出地方性有结构主义和人文主义两种形成机制，本书主要从结构主义视角对相声产业进行分析，即主张一个地区与外界建立功能联系时，它所具有的其他地方所不具备的内在条件就是地方性。

从本书前面的研究看来，北京相声产业的影响如此之强，除了本地观众对相声艺术的热爱，形成了全国最大的受众群体外，其地方性的形成还至少与三个层次的社会网络有重要关系，而这三种网络都是国内其他地方不能具备的：首先，来自其内部的师承关系，存在着大量的“强关系”，使得最优秀的相声演员难以离开北京这块相声的沃土。其次，与北京其他演出团体的交流（既包括其他相声团体，也包括戏剧、脱口秀等其他类型的说唱艺术团体）。相声演员通过这些交流广泛吸收其他说唱类艺术甚至还包括西方盛行的脱口秀的营养。最后，与媒体的合作形成的社会网络。一批演艺明星在北京的媒体，特别是中央媒体上的发展，不仅曾经促成“广播电视相声”的流行和传播，还为北京相声留下了独有的艺术风格，使其更易于在广播电视等媒体进行传播。北京相声界和媒体彼此之间更为融合，形成了一种微妙的共赢关系。

上述三个层次的社会网络并非决然分割，而是彼此交织的。比如，有的演员虽然主要跟随师傅在某个团体演出，但有时也会到其他团体“走穴”；有的演员跟随相声团体说相声的同时，也参与脱口秀或者话剧的演出；还有很多相声演员在小剧场和电视都有演出。一个比较鲜明的例子是，在网上流传的一段视频里，嘻哈包袱铺的“班主”高晓攀为了准备在电视上主持一档脱口秀节目，特地来到“北京脱口秀俱乐部”学习交流（相较于相声，脱口秀更注重通过语言逻辑来制笑，更强调与时事和现实生活相联系）。高晓攀的这种交流恰恰是贯穿了团体内部、演出团体之间，以及相声与媒体之间三个层次网络的社会联系。这种独特的网络关系是北京之外的地方（如天津）完全难以企及的。

第五节 结　　论

每个地方的社会网络都有自身的特点，北京作为首都，其独特的社会网络为相声产业发展提供了良好的发展土壤。研究发现，北京相声产业以若干相声演员为核心，以相声团体为基本组成单位，和其他表演类演出团体以及广播电视等媒体共同组成了富于地方根植性的社会网络。透过这些只有在北京才具备的社会网络，我们发现了北京是相声产业发展的乐土的原因：第一，师傅不走，徒儿不离。相声演员所拜的名师多在北京，师徒之间在徒弟出师后的长期密切合作，形成网络的“强关系”。由于师傅通常在北京已经安居乐业，不愿离开，因此其优秀的徒弟也难以离开北京发展。第二，实体舞台大，容纳演员多。一方面，北京大量的国有艺术团体为相声演员提供了缓解市场竞争压力的就业环境，一些演员在民间艺术团体中成长，出名后往往被国家艺术团体招聘。另一方面，北京有戏剧、脱口秀等演出团体，相声演员便于吸收其他说唱类艺术的营养，甚至还有西方盛行的脱口秀的长处。第三，虚拟舞台多，制作在北京。相声演员与北京大量媒体也有密切的网络关系，媒体为相声研究提供了虚拟的舞台空间。一批演员借助于北京的媒体，提升自身的知名度。这些媒体的制作均在北京，因此离开北京就意味着远离这些资源。

值得注意的是，与 Kong（2005）对香港影视产业研究的发现不同，在北京相声产业的社会网络中，至少在目前来看，经纪人、投资者都没有起到关键性的作用。这是因为相声表演产业不需要巨大的投资，也没有面临不可控制的风险。相反，扩大知名度和学习相声技能是每一个相声演员最主要的需要，媒体、演出团体，以及相声团体的“师承关系”可以帮助相声演员达到这些目的，是相关社会网络中的关键因素。因而，这也说明文化创意产业不同部门的发展遵循的规律可能有明显的差异。

第六章
北京广告业发展研究

第一节　广告业的概念及特征

一、广告与广告业的概念

所谓广告，从字面意义理解，就是“广而告之”。17 世纪末，现代广告在当时经济活动最为活跃的英国被发明并广泛使用。广告有广义和狭义之分，广义广告包括非经济广告和经济广告。非经济广告指不以赢利为目的的广告，包括政府行政部门、社会事业单位乃至个人的各种公告、启事、声明之类。狭义广告指经济广告或商业广告，是指以赢利为目的的广告，通常是商品生产者、经营者和消费者之间沟通信息的重要手段，或企业占领市场、推销产品、提供劳务的重要形式。

广告属于科学与人文交汇的领域。一方面，广告从业者需要运用数据技术了解市场、目标受众和消费需求，利用恰当的媒体渠道将特定信息推送给目标受众，必须掌握足够的科技手段。另一方面，广告是艺术的一种外在表现，虽然以营销为目的，但是必须有人文艺术的情感化思维才能使其被广大观众接受和关注。优秀的广告需要运用各种视觉、听觉符号，通过富于创造性的、富于美学观感的方式传达、表述产品（品牌）信息，使消费者产生消费欲望。

广告是文化和思想的传播工具，是一种社会化、大众化的活动，是涉及整个社会系统和文化系统的问题，从一诞生起就有强烈的文化气息（吉圈圈，2011）。广告业属于文化创意产业的典型代表之一。广告由语言、文字、音乐、色彩、图画等多种文化因素构成；广告的传播方式大都是通过电视、互联网等媒体，也是文化发展的产物；广告业最主要的投入是智力资源，最大的产出是新的广告创意，因而最能体现文化创意产业的文化性和创意性。

二、广告业的特征

广告业作为文化创意产业的一支，与艺术、动画等产业部类有着较为明显的差别。笔者认为广告业可以概括为如下特征。

（一）与新闻传播联系紧密

广告与新闻传播的关系是双向互利的。一方面广告依附于各种传播媒介，通过这些传媒的帮助才能得以发挥作用。另一方面，新闻传播也因为有了广告，才具备了更丰富的内容和资金的支持。很多优秀的文化作品，如电影等也会通过海报、电视等方式用广告的形式加以推广。

从广告的投放形式看，平面媒体和电视广告仍占据主体地位，但随着互联网和新技术的普及应用，网络广告、移动广告等新形式不断兴起，逐步成为当今最具活力的新兴广告形式（常泽鲲等，2013）。这些新型的广告平台往往设有自己的广告营销部门，在扩大广告业务量的同时，也对原有的广告产业体系造成了冲击。

（二）广告业涉及道德风险

广告是传递商业信息的手段，同时也是新闻媒体赢利的主要方法。因为牵涉大量的经济利益，导致广告业可能经常涉及道德风险。一方面，不良广告可能传达不确切的信息，误导消费者，造成相关行业的不正当竞争。另一方面，广告还可能成为不法商人贿赂新闻媒体的重要手段。美国历史上最有名的腐败团伙特威德集团就曾利用广告来达到其目的。1870 ～ 1871 年，在《纽约时报》公布特威德集团贪污腐败罪证之前，特威德集团通过付给报社优厚广告费的办法，使得纽约绝大部分报社对特威德集团的所作所为保持沉默。资料表明，当时被收买的报社总计有 89 家，其中 27 家报社完全以特威德集团的赃款维持正常营运（张健，王军元，2008）。

（三）产业组织富于特色

在大型广告公司不断整合，组建大型广告集团的同时，广告业的社会分工也越来越细，这为那些小广告公司提供了生存空间（陈培爱，2007）。在广州、北京、上海出现了专门做地产、药业、服装的广告公司，也有专门做公关活动、危机公关处理、新闻软文规划撰写的广告公司，甚至还出现了专门卖策略的广告公司。所谓“大公司将越来越大，小公司则越来越小”。

我国的广告业虽然呈现良好的发展势头，但是广告产业的整体集中度较低，缺乏大型的广告公司，中小型广告公司向创意产业方向发展。同时，随着广告公司进入门槛的逐步降低，市场持续放量，2007 年中小广告公司的数量突破 10 万家，占我国广告企业的 90%强（徐冠彤，2015）。

（四）消费需求日益“碎片化”

在信息时代，消费者的生活方式、消费观念、消费行为和利益需求等逐步分化离散。不同年龄段的、不同性别的、不同地域的消费者，乃至不同性格、不同消费习惯的消费者对于商品的需求差异将越来越大。这些“碎片化”的族群对广告信息、广告形式、传播媒介和媒体时段都有不同的偏好。

这一局面下，广告业同时面临着空前的压力和前所未有的历史机遇。传统广告正流失客源，受众从电视、报纸逐渐向互联网、手机 APP、户外等媒介转移。

（五）受信息技术影响强烈

广告依赖于新闻传播，而新闻传播又与信息技术紧密相关。这就使得广告业的发展常常受到信息技术的强烈影响。新近出现的大数据和云计算使得广告的精准投放日益成为可能。手机 APP 的广泛应用，特别是自媒体的出现，使得消费者获取广告信息的来源日益碎片化。近年的一个新趋势是应用大数据对广告的精准投放进行分析。需要注意的是，大数据中含有大量数据噪声，数据价值利用率低，只有辨识并过滤掉大量重复信息，分类聚集、掌握一定“含金量”的数据，才能得出数据所蕴含的规律和本质，即数据中有意义的信息，显示出数据的真正价值（黄珺，2015）。以网络为主要来源的数据充斥着大量不完整或是虚假的信息，数据多是随机动态产生的，具有多源异构、交互性、时效性、突发性等特点，非结构化数据多且即时性强（李国杰，程学琪，2012）。

第二节　北京、上海、广州——中国广告业的三大集聚地

中国广告业的快速发展开始于改革开放之后，特别是 20 世纪 90 年代之后：1990 ～ 2013 年，全国广告业经营单位从 11 123 户增加到 445 365 户；从业人员从 131 970 人增加到 2 622 053 人；广告经营额从 250 173 万元增加到 50 197 459 万元。1979 年，中国广告公司不过十几户，广告从业人员也仅 1000 多人，而到 2010 年，广告经营单位 24 万余户（蒋艳洁，2014），各方面均呈现了飞速的发展（图 6-1）。

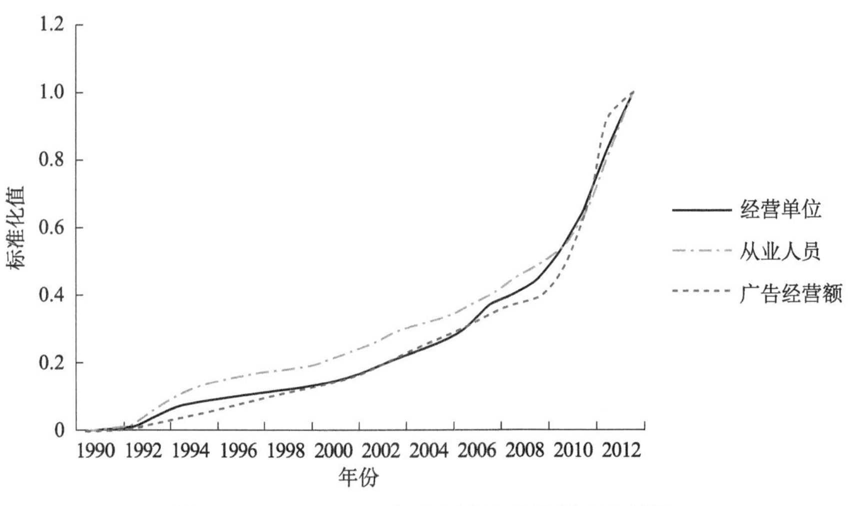

图 6-1　1990 ～ 2013 年全国广告业发展变化情况

注：笔者根据《2014 中国广告年鉴》相关数据总结绘制

目前，北京、上海、广东三地的广告业占据了全国 50% 的广告经营额，是中国广告业的三大重地。改革开放以来，三地的广告业相继发展，至今仍保持着强劲的发展势头。三地广告业的发展有其共同点，但也各具特点和优势。一般而言，三地的特色如下：北京的广告优势在于包括中央媒体在内的各类媒体；上海的优势在于大的外企 4A 广告公司；广

州的广告优势在于本土市场的繁荣。在三大广告市场中，北京的地位尤为重要。2013 年，北京广告营业额达到 1794.7 亿元，排名全国第一，比广东全省的 450 亿元多出好几倍。通过对三地广告业发展的比较分析，更能认清北京广告业在目标市场、竞争能力、外在环境等方面的优势和劣势，有助于制定行业发展相关的政策和措施。

一、北京

1979 年 3 月，中央电视台首次播出了日本西铁城牌手表的广告，北京的广告与广告业也开始逐渐显现。20 世纪 80 年代，一大批外国消费品牌开始进入中国市场，跨国 4A 广告公司紧随而来。1980 年，电通广告公司在北京、上海开设办事处。一时间，中国内地的广告公司如雨后春笋般大规模地增长。至 1994 年年底，包括绝大部分的全球著名跨国广告公司在内，进军内地的外商（合资、合作）广告公司已达 300 家。到 1998 年，全球前 10 名广告公司全部在中国设立了合资公司。其中，盛世长城国际广告有限公司、北京电通广告有限公司、美格广告有限公司等将总部设在了北京。北京广告业凭借首都的优势地位和得天独厚的优势资源，日益呈现出快速发展的态势。据报道，2007 年以来，北京广告经营额平均每年以高于 20% 的速度增长。2013 年，北京广告经营额已超过 2000 亿元，占全国广告经营额的三分之一，成为全国广告业最发达的地区（窦红梅，2014）。在 2012 年度本土广告公司排名 100 位中，北京有世纪百代、海润广告等 26 家入围，而上海则以 15 家位列北京之后。北京广告公司不仅规模庞大，质量也均属上乘，业务水平普遍较高。

与此同时，经过多年市场经济的洗礼，北京本土广告公司、从业人员数量和经营额不断增多。北京良好的创业环境，吸引了大批美术院校的毕业生，他们或者在一些小型的广告公司工作，或成立自己的工作室。这些新成立的广告公司基本以广告制作、媒体代理为主，企业规模很小。由于公司实力有限，常常采取外向合作的策略，如印刷、公关外包等。公司核心业务，即创意和媒体代理则由自己独立完成。一时间，北京小型广告公司层出不穷，只是这些广告经营单位小而杂，很难形成具备一流实力、特别是与国际大型广告集团相竞争的力量。在同一时期，上海、广州两座城市的广告业也有很大的发展。但是，从营业额来看，北京毫无疑问地位居广告业的“老大”。

业内普遍认为，这一切与北京在传媒方面的优势密切相关。北京不仅有中国广播电影电视集团这样全国最大的传媒集团；中央电视台、中央人民广播电台以及《人民日报》《经济日报》《光明日报》等中央级别的专业报刊；还有新浪、搜狐等互联网门户网站。因此，北京媒体实力全国最强，汇聚了各种新闻咨讯，是国家信息传播的中心。强势媒体的一举一动对全国广告市场都可能产生重大影响。比如，中央电视台广告费上调之时，全国媒体便闻风而动、紧随上调价格。1994 年，中央电视台推出黄金段位招标，白酒、家电、VCD、保健品等诸多领域的企业纷纷竞标，掀起了一番产品的广告大战。

据中国广告协会按历年广告公司经营情况的排序，盛世长城国际广告有限公司等北京的广告企业排名长期位居前列；还有一批有实力的合资广告公司，包括北京广告公司、北京广告艺术（歌华）公司、北京国安广告总公司等给北京地区广告业增添了强劲的实力。这些广告企业创造了巨大的广告营业额，使北京广告业具有全国其他地方难以比拟的绝对优势。

二、上海

上海是我国近现代广告业的发祥地，最早的报纸广告、霓虹灯广告、广播广告和广告业同业公会均诞生于上海（缪钧等，2008）。早在 1962 年，上海即已经成立中国最早的专业广告公司——上海广告有限公司，独家代理中国所有进出口广告业务。在这一最早的国企广告业的推动下，红双喜乒乓球器材、青岛啤酒、天坛清凉油、中华铅笔等国内品牌开始走向世界，国人初步认识到广告的正向作用。然而，“文化大革命”期间“四人帮”倒行逆施，将广告视为资本主义复辟产物，上海广告有限公司被撤销，其主要人员四处遗散，仅有一小部分留在外贸包装公司办公，为出口商品做宣传样本（曹时炯，1999）。在很长一段时间内，广告仍然与欺诈、“摆噱头”和“吹牛皮”联系在一起。

1979 年 1 月 14 日，广告业对外开放的第一步仍然发生在上海。上海《文汇报》发表了题为“为广告正名”（署名丁允朋）的文章。文章指出：“对国外广告也要做引进工作，洋为中用，吸取一些国家广告之所长，来发展社会主义的广告。我们应该运用广告，给人们以知识和方便，沟通和密切群众与产销部门之间的关系。广告也是一种具有广泛群众性的艺术，优秀的广告可以美化人民的城市，令人赏心悦目，使人在愉快的艺术熏陶中，感受到社会主义经济文化的欣欣向荣。”这篇文章成为中国广告史上公认的一篇具有划时代意义的文章。在此后的一段时间内，国内外的广告公司逐渐活跃起来，从报纸到广播电视，各类广告开始闪亮登场。

上海作为中国最国际化的大都市，很快吸引了国际上的大型广告公司的登陆。目前，它是吸引国际 4A 广告公司最多的城市。所谓“4A”的概念源于美国，是“The American Association of Advertising Agencies”的缩写，翻译为中文是“美国广告代理协会”。后来世界各地纷纷效仿，在一定的区域内实行组织化的模式表征广告公司的水准，形成了地区性的 4A 广告公司。这类组织通常签署一个协议，就客户媒体费用的收取做一个约定，以避免恶意竞争。因此，广告公司有充足的理由争相加入这些组织。凭借国际广告公司带来的先进理念、品牌模式，以及操作方法，上海广告业也取得了飞速的发展。

1979 年，李奥贝纳（中国）广告公司成为最早登陆上海的跨国广告公司。之后，日本电通公司作为第一家进入中国的外国广告代理商，开始为日本家电产品在中国市场做广告。据《2011 年度上海市广告市场状况》白皮书，目前，上海是中国广告经营中心之一，广告经营主体约占全国总数的 20%，市场规模约占全国的 14%。上海工商部门登记数据显示，截至 2011 年，上海共有各类广告经营单位 58 560 户，其中，外商投资广告企业仅 211 户。但是，占广告业总量不到一成的外资广告企业的营业收入和利润与内资广告业基本相当，户均收入和增加值远超内资广告企业。外资广告企业的产生，与上海产业的国际化程度有关，世界 500 强的企业差不多有一半已经登陆上海，那么作为贴身服务的广告公司便紧随而来。奥美、智威汤进、萨奇、李奥贝纳、BBDO、达彼思等著名的老牌公司都已纷纷登陆上海。

除了上海特有的国际化和开放包容的环境外，与其他的城市相比较，上海市场容量大。各类众多的制造业企业也是吸引广告公司的重要动力。国际上很多的 4A 广告公司都是随客户而选址，客户在哪里发展业务，广告公司的服务就跟进到哪里。

相较于北京，上海不是政治中心，传媒实力薄弱，对其广告业的发展有相当大的削弱。上海早已认识到这一问题，2003 年 10 月 18 日，卫星电视频道“东方卫视”在上海亮相。之后，上海文广集团推出的“第一财经”等频道很快成为国内财经的聚焦点。在这些举措的推动下，上海传媒劣势有所缓和。然而，与现实发展相比，上海广告圈目前急需更多的具备整合营销传播策划能力的广告公司涌现出来，从而利用好上海地处长江三角洲中心的地缘优势。特别是，江苏和浙江都具备一定规模的民营企业，正面临转型升级，处于做大做强、推广品牌的阶段。上海的广告企业正好可以发挥自身“见多识广”的优势，通过营销的整合和品牌的提升，带动区域经济的发展。

三、广州

从《2014 中国广告年鉴》的数据来看，2013 年，广东省广告营业额已经达到 400 多亿元，从业人员 20 多万人，在国内各省市中位居前列，仅排在上海、江苏等省市之后。广州广告业的发展依托于两个地缘优势：首先是背靠经济发达的珠江三角洲。作为改革开放的先行者，广州吸引了相当多的内地广告主。改革开放后，珠江三角洲本土经济率先发展，并长期在国内领先发展，为广州广告业提供了源源不断的国内客户，成就了广州广告独到的风格。其次是紧邻香港。由于与香港地区的地缘关系以及文化、人文上的种种联系，广州的广告业吸引了大量香港的投资，并较早地接触到国际上先进的制作经验和管理模式。在制作方面，因为离香港地区较近，广州借鉴了香港地区的一些制作经验，创意方面也有一定影响（赵树明，2004）。在管理方面，从广告公司建立的初期开始，就步入高度市场化的运行轨道，形成了规范的市场运行规则。比如，广州代表性的传媒机构《羊城晚报》三十多年一贯严格推行广告代理制度，实现了本土文化与国际市场规则的有效结合。

当前，对于甲方（广告主）企业来说，形成了一种局面：找国际广告公司首选上海的，找国内广告公司首选广州的。广州广告业基础扎实，人员勤奋、踏实。他们不仅非常专业，而且非常敬业，对客户非常尊重，服务细致周到，有一种真正将客户成功与自身发展相融合的心态。但是，与此同时，广州广告业也面临着两方面的问题：

其一，广告公司竞争惨烈，相互压价的现象比较普遍。通过经常性地参加比稿，强势的甲方公司常常提出各种要求，特别是将广告的价格大大压低，导致广告公司的利润有限。

其二，和上海一样，广州的媒体不够发达。特别是广州还有方言的影响，没有一个城市像广州一样，很多广告播出时需要配成地方语言。广州媒体的广告市场格局相当复杂。市场占有率大的地方话媒体，市场覆盖并不理想，相反，市场覆盖率大的频道，如广东省级的电视频道，收视率及占有率又差强人意，很难形成强势的媒体。近年来，湖南、江苏、浙江一带的媒体影响力甚至都已经远远超过广州。

综上，北京、上海、广州三地广告产业发展的差异可以认为是由悠久的历史地域文化和当前的市场经济独特布局的特质所决定的。广告市场的三个主体——广告主、广告公司、媒体是一个相互联系、相互制约的利益共同体（夏晓晖，2004），在这一产业链的运行中，不同的资源相互组合，不同的文化相互碰撞，最终形成了北京、上海、广州三地广告业的迥异风格。

第三节　北京广告业的空间布局

广告产业是一个内部分工细致的弹性生产体系，与媒体、设计、设备等服务和配套产业的关系复杂多样。和其他文化创意产业部类一样，在不同尺度的地域空间上存在着集中分布的特点。这种静态的分布形态其实是多种因素作用下，经济主体在地理空间上动态流动时表现出的暂时平衡（李蕾蕾等，2005）。

周尚意等（2006）曾经对北京的文化产业布局做出分析，认为北京文化产业的集中化程度指数按照广播、电影、电视业，广告业，体育业，书报刊出版、印刷、发行业，文化艺术业依次降低。显然，广告业是呈现集聚分布的特点，主要集聚在广渠门和大红门两个地区及其周边。

广渠门附近的广告业以高端的广告策划为主。刘建一（2009）指出，这类广告业主要集聚在朝阳区、靠近 CBD，给广告业发展所需的资金及信息提供了一定的基础。广告业的发展需要金融业、信息业、传媒业、商务服务业、文化娱乐业的支持。CBD 区内现代服务业和文化创意产业集群的高水平发展为广告业发展提供了高端的产业连接。截至 2013 年，北京共有外资广告公司 148 家，其中全球排名前五位的广告企业奥姆尼康、Interpublic、WPP 都在北京投资并设立下属广告公司，包括天联广告、恒美广告、麦肯光明、奥美等，这些企业主要集中在 CBD 附近。

大红门附近的广告业集聚区属于以低端的广告设计制作为主的广告业，它们最需要的是便利的交通条件。大红门附近的“分钟寺广告城”、南四环的“北京广告文化园”都是如此。这类商户的主营业务包括：精品广告字、LED 显示屏、标识牌、写真喷绘、雕刻切割、显示屏制作批发、超薄灯箱、吸塑亚克力、广告牌钢结构、楼顶大字、霓虹灯、楼顶广告牌、门头广告、发光字、亚克力灯箱、形象墙、不锈钢字、门牌、宣传栏、立体字、围挡、展板、灯箱片、条幅布、银雕布、油画布、无纺布等室内写真、易拉宝、促销台、展示柜等制作、户外喷绘、背景印刷、户内外灯箱等。

第四节　北京广告业的产业链和社会网络

一、北京广告业的产业链

一般而言，广告业的产业链可以概括为广告设计、广告制作、广告代理、广告发布四个环节（图 6-2）。北京广告业在这四个环节均有较大的发展。其中，在设计方面具有代表性的有叶茂中团队等。在制作方面，北京有广告城、广告文化园等从事制作企业的大规模集群。另外，北京在影视片的制作方面有着其他城市难以比拟的优势，国家新媒体基地、怀柔影视基地、大量国内高水准的影视制作公司等都为北京广告产业上述环节的发展提供了得天独厚的环境。

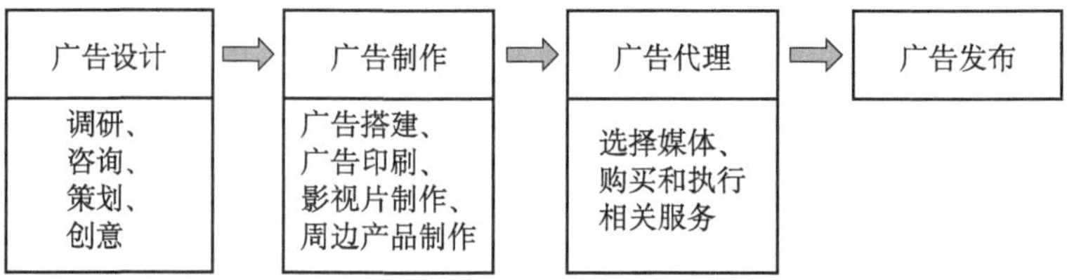

图 6-2　广告业的产业链

显然，广告设计和广告代理是产业链中最具价值的部分。就广告设计而言，其最需要的是各类广告人才，以及培养相关人才的环境。目前，北京至少有 15 所高校设立了广告研究所、广告市场调研所、广告主研究所、传媒研究所等广告研究机构，为北京成为全国广告研发中心提供了非常适宜的条件。与此同时，就广告代理而言，北京的广告公司距离国家级的媒体更近，联系起来非常便利。二者的共同作用，推动了北京广告业在整个产业链条上都取得了不俗的成绩。比如，2012 年投入运营的北京国家广告产业园区，促进了广告产业链条全覆盖的国家级重点产业集聚区的建设。

二、北京广告业的关键行动者及其社会网络

通过对北京广告业的调研，以及对北京、上海、广州三地广告业发展差异的分析，我们发现媒体、广告主（往往是大型企业），以及广告公司自身是广告产业网络的关键行动者（图 6-3）。政府、社会环境等也可能对广告发展产生一定的影响（比如对广告违法案件的处理，对于广告业发展的支持和保障等），但是这些影响是间接的，其作用相对次要。

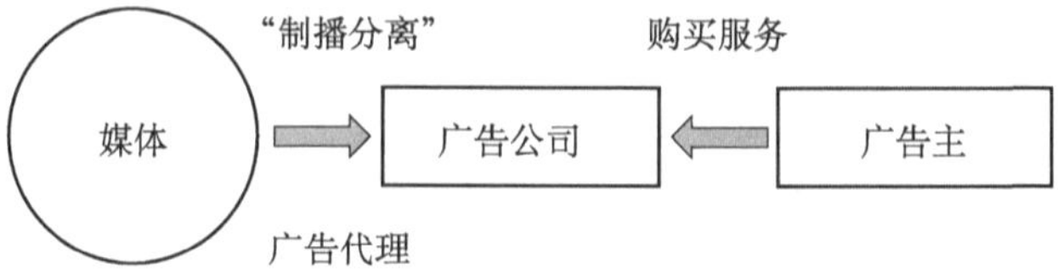

图 6-3　北京广告公司的典型运作模式

（一）媒体

北京作为中国的首都，是全国媒体发展的中心。集中了中央电视台、《人民日报》、人民出版社等一大批中央级专业媒体，以及北京电视台、北京出版社等众多北京地区的媒体资源，成为全国最大的广告媒体中心。目前，北京市共有广告媒体机构 2346 个，其中电视台 22 家，广播电台 12 家，期刊媒体 2100 余种。此外，北京还有从事网络广告的媒体 8 万多家，各类户外经营性广告 24 000 余块。北京的广告媒体资源主要集中在东城、西城、朝阳、海淀等中心城区，这四区共有 2147 家媒体，占全市广告媒体总量的 91.4%，其中海淀 746 家、东城 529 家、西城 469 家、朝阳 403 家。

北京的广告业传统上受媒体的影响很大，因为全国性的大媒体都在北京，北京的本土代理商有得天独厚的地域优势和人脉资源（卢小龙，2004，表 6-1）。2013 年度中国广告企业（媒体服务类）广告营业额的排

序中，前 10 名中包含了北京的“北京未来广告有限公司（中央电视台所属唯一全资的广告公司）、北京首都机场广告有限公司、中视金桥广告有限公司（中央电视台一级媒体代理公司，中央电视台十佳广告公司）”3 家企业。在 20 世纪 90 年代，由于媒体太强大，在创作上投入的精力太少，以至于北京的代理商只做媒介，不事创作，一定程度上影响了北京广告作品的质量。近年来，传统媒体除继续保持业务上的强势之外，北京的广告公司也开始注重创意，在广告质量上也不同以往。

表 6-1　2013 年度中国媒体单位广告营业额前 100 名排序

排名	媒体单位	营业额 / 万元
1	中央电视台	2 559 793
2	湖南电视台	708 400
3	上海文化广播影视集团有限公司	638 200
4	江苏电视台（集团）	525 200
5	浙江广播电视集团	515 000
6	深圳报业集团	379 614
7	搜狐	360 500
8	深圳广播电影电视集团广告管理中心	357 700
9	浙江淘宝网络有限公司	338 700
10	新浪集团	322 300
22	北京电视台	150 000

资料来源：中商情报网，2015

此外，近年的一个新情况是包括网络媒体在内的各类新媒体不断出现，为广告业开辟了新的战场。据英国出版商协会 2006 年的一项研究表明，其成员出版商的各种在线业务收入构成中，网络广告已占到 41% 的最大份额；而在线内容收费阅读部分的收入份额，则从 2004 年的 63% 锐减至 2005 年的 37%（金兼斌，2006）。这在我国的统计数据中也可以看出来，2013 年，搜狐、新浪等网络门户的广告营业额已经远远超过绝大多数电视媒体，位于中国媒体广告营业额排名的第 7 位和第 10 位。

“新”“老”媒体竞争激烈，但是，传统媒体在目前仍是大众接触度最高的媒体，仍具有大众化有效传播优势。随着人民生活水平的提高，不同人群在不同休闲时间段内的时间分配也不同，而电视媒体是大众最易接受的、具有高效传播品质的媒体之一。2013 年，中央电视台广告营业额接近 256 亿元，是第二名湖南卫视的 3 倍多，是总排名第七名、网络媒体第一位的搜狐的 7 倍多。中央电视台仍然占有相当一大批媒体受众，并且拥有非常大的影响力。湖南、江苏、浙江等地报纸和电视超常规的发展，不仅没有弱化北京媒体中心的地位，反而触动了北京媒体的改革。在可预期的未来，北京广告公司的“媒体贩卖”模式不仅不会弱化，反而将进一步的强化（夏晓晖，2004）。

（二）广告主（甲方）

广告主是广告活动的发布者，是在媒介上销售或宣传自己产品和服务的商家，是联盟营销广告的提供者。广告主发布广告活动，并按照网站完成的广告活动中规定的营销效果的总数量及单位效果价格向媒介和广告公司支付费用。虽然对于大型企业而言，其常常面向全国选择广告公司，但是，位于同一个城市还是会给双方的及时沟通带来很大的便利。因而，在大城市愿意做广告的企业数量大，广告业的市场需求更富于规模。

目前，国内中小企业大多愿意选择本土广告公司，而大型企业常常对国际 4A 广告公司青睐有加。以中小企业和民营企业为主的广州，本土广告公司发展最佳；相应的，以大型国有企业和大型外资企业为经济主体的上海，国际 4A 广告公司得到了最好的发展。北京本地的广告主以国有企业为主，但是，全国各地的广告主也都有到北京找广告公司代理的。北京的广告公司经营的客户范围不仅仅局限在北京，而是全国。北京有一些大品牌的广告投放，在全国名列前茅，但是，与上海等地比较，北京的品牌中，大广告主比例并不高。北京巨大的广告营业额是全国广告市场向北京的集中所带来的效果。北京的大广告公司所代理的多数是全国各地的著名品牌，支撑了北京广告业巨大的市场规模。

企业选择北京的广告公司原因有多种，比如，北京的广告公司更富于经验，并有广泛的社会联系等。不可忽视的一点是，北京的很多广告公司与北京特有的强势传媒集团存在或明或暗的联系。当媒介作为广告公司的客户，把媒介所拥有的时间（时段）、空间（版面）出售给广告公司，广告公司便获得了一定的资源。凭借这些资源它们可以寻找企业，并与其博弈，向其出售特有的资源，帮助其扩大营销渠道和提高商品的知名度。

（三）广告公司

北京相当一部分广告公司从事的是媒介购买服务。凭借着媒体资源的巨大优势，北京的广告经营额远远领先于国内其他地区，甚至达到上海的4倍多。但是，从业人员和经营单位的数量却都远远少于上海（表6-2）。

表6-2 2013年北京、上海、广东广告业经营情况统计表

地区	经营单位/户	从业人员/人	广告经营额/万元
北京	24 803	106 764	17 947 004
上海	84 451	262 979	4 495 594
广东	32 666	222 086	4 006 717

资料来源：中国广告协会，2014

北京的广告主和广告公司相对处于弱势，媒体的强大使得其在广告市场规则中起主导作用（图6-3）。媒体通过广告代理业务在广告业延伸，形成了很多代理公司。在“制播分离”的潮流中，广告公司日益深入到传媒客户节目内容制作以及广告版面、时段经营业务当中。但也正是由于北京纯媒介竞争火爆的表象，广告基本队伍和操作方面相对薄弱。北京广告公司整合品牌代理的专业水平相对于上海、广州等地有待提高。当然，并非所有在北京的广告公司都享有垄断性的媒体资源，北京也有很多广告公司是从事单纯的广告制作的。特别是随着各种国际性的4A广告公司进入国内市场，北京本土广告公司也面临着多方面的竞争，其制作水准也在逐步提升。

第五节 北京广告业的发展障碍与发展前景

一、北京广告业的发展障碍

自改革开放后，北京广告业的发展已经有30多年的历史，然而其发展基础薄弱，对市场经济的适应行动落后于经济发展水平。目前，北京广告业面临着以下三大障碍。

首先，北京广告业过于依赖媒介代理，广告业的基本人才队伍和操作水平相对于国内先进地区有一些差距。北京的广告业业务额为国内翘楚，但是，由于媒介代理具有较高程度的垄断性，北京广告公司在自身人才队伍建设、广告创意发展方面，较上海、广州等地相对落后。

其次，相较于国际，北京广告业业务数量多、规模小。北京广告公司整体实力不足，面临国际大型广告公司的猛烈冲击。现代广告业追求专业化分工和规模效应。目前，北京广告业中“小而全”“小而散”“小而差”的广告企业低水平操作状态，与全方位、系统化、整合型现代广告运作模式要求相距甚远（吕志诚，2005）。广告市场巨大的增量空间与广告市场极低的进入、退出壁垒，使得广告公司的数量呈现急剧上升的态势。由于广告公司数量多、规模小、高度分散、竞争力弱，存在过度竞争的现象，以及广告市场发生竞相压低价格的恶性竞争现象，致使广告公司赢利减少，无力投入更多的资金用于广告公司的规模化发展，从而导致广告公司无法达到规模经济的生产水平，因此生产效率相对低下。

最后，广告诚信程度令人忧虑。广告主、广告公司和媒介大多追求短期经营效益，急功近利，不按市场规则守法经营，违法违规现象十分普遍。仅 2013 年，北京市查处广告违法案件就高达 845 件，罚款 1655.4 万元。虽然重大恶性虚假广告发案率不高，但广播、电视、生活类报刊广告发布违法率较高，药品、医疗、保健食品等广告违法现象尤为突出。目前，广大消费者对广告信息的信任度仍持续走低，这对广告业的发展造成了一定的障碍。

二、北京广告业的发展前景

（一）未来广告媒介将日趋多元，广告与营销将逐步融合

广告发布媒体将继续扩展，广告形态也将更加多变。近年来，户外广告、网络媒体、手机媒体等新兴的互动性媒体迅速崛起，彻底颠覆了三大传统媒体（报纸、广播和电视）对于信息传播的垄断地位。例如，有关资料统计，2014 年上半年，在中国广告业花费中，影院视频和互联网分别增长 57.1% 和 39.5%，报纸和杂志分别减少 13.2% 和 7.6%，使得广告更个性化，更具有互动性并且更加创意性地进行传播（表 6-3）。

表 6-3 中国广告业花费（2014 年上半年）同比增幅

媒体	同比增幅 /%
电视	1.9
报纸	−13.2
杂志	−7.6
电台	13.1
传统户外	7.5
商务楼宇视频	12.1
影院视频	57.1
交通类视频	6.3
互联网	39.5

资料来源：CTR 市场研究公司发布的《2014 上半年中国广告市场回顾》

就中小企业而言，受限制于广告投放的资金实力，互联网等新媒体对其构成了更高的吸引力。2013 年相关数据显示，中小企业在互联网和移动互联网增加的预算比例分别达到了 70% 和 50% 多，远高于电视、户外、广播等渠道（图 6-4）。

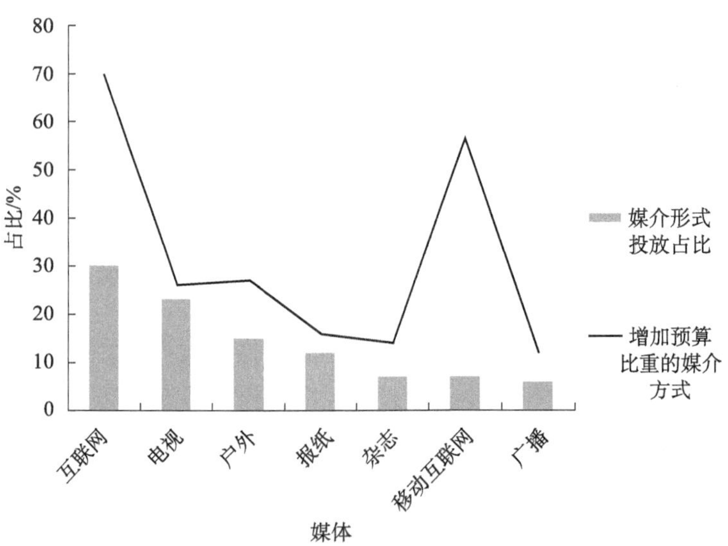

图 6-4 2013 年中小企业投放占比及利用媒介方式

资料来源：《中国广告》和“数字 100”联合发布《2013 年中国广告业影响力指数》

随着新媒体的发展，广告与营销传播正呈现融为一体的势头。目前，一些跨国及本土广告公司和媒介购买公司均已意识到广告主的整合传播需求，开始由专业广告代理或媒介购买向整合营销传播代理转型。在新的营销传播环境下，广告公司和媒介购买公司的业务转型将突破传统的广告概念，广告与营销传播将逐步融为一体（徐冠彤，2015）。国际广告业正面临着新的整合：目前，全球排名前20位的国际广告公司几乎都已被超大型传播集团纳入囊中，形成WPP、宏盟（Omnicon）、阳狮（Publics）、电通（Dentsu）、埃培智（IPG）五大核心集团，分割了全球广告业绝大部分市场，足迹遍布六大洲的100多个国家和地区（程士安，2007）。

（二）北京广告业面临阶段性转型压力，核心优势使其仍将占据国内广告业“龙头”

对于北京广告业而言，一方面，我们面对着国际资本对行业经营的渗透，比如，有传媒公司因拥有一定的资本而整合全国户外大型广告媒体，建立了现代化的“户外媒体经营超市”；另一方面，我们又面临着广告经营中现代管理模式的变化，特别是互联网的崛起，正在推动这种变化在速度上进一步加快，在深度上不断推进。

尽管面临着各种变化和竞争，北京作为我国的政治、文化中心，以及媒体、信息中心的位置不会改变。获取及时、高质量的信息和数据永远是媒体关注的焦点。北京拥有最大最优质的户外广告环境、最多的互联网门户以及电视传媒中心。这些核心优势使其在广告业日益碎片化的发展潮流下仍然能够吸引众多的广告企业的集聚。可以预见，广告与新媒体等领域的融合将在北京这样的地区发生发展，并很有可能在北京取得突破。北京极有可能成为国内新型的广告业态（与媒体和营销相融合）集中发展的“媒体城市”。

第七章
北京工业设计产业发展研究

第一节　工业设计的概念及作用

1980 年，国际工业设计协会联合会（International Council of societies of Industrial Design）对“工业设计”做出的定义是：就批量生产的产品而言，凭借训练、技术、知识、经验及视觉感受，赋予产品的材料、结构、形态、色彩、表面加工及装饰以新的品质和规格，并解决宣传展示、市场开发等方面的问题，称为工业设计（田君，2005）。通俗地说，工业设计主要是用来解决工业产品外形的美观和使用的便利。在我国，相关活动经历了美术工艺—现代美术工艺—工业美术—工业设计的转变，专业名称的演变反映了工业设计概念从美的创造转向生活方式的创造。

工业产品的内在结构对其性能的影响是根本性的。但是，工业设计对产品的推广同样重要，甚至在产品非常丰富的市场经济条件下，其重要性越来越强。从一定程度上说，正是工业设计创造了产品品牌：品牌的形成是产品个性化的结果，而工业设计就是创造这种个性化的最重要一环。世界知名的大型企业，如宝马、苹果等公司每年都会推出几百项与汽车或手机有关的新技术。其强大的创意设计能力让这些公司总是能够引领行业发展潮流，并形成开“宝马”、用“苹果”这样的流行文化，打造其独有的品牌价值。正是凭借着强大的工业设计力，才成就了这些国际一流的企业。

第二节 我国和北京工业设计的发展历程

我国的工业化，开始于清末的“洋务运动”时期。1876年，西方机械制图传入我国，中国民族工业开始在轻工业等领域逐步移植工业设计思想，依托热爱国货的民族情绪和市场创立自己的民族品牌。不过，那时北京不是工业中心，主要的工业设计思想首先进入的是上海这样的门户城市。在上海产生了“美丽华”钟表、“龙虎”牌清凉油等知名品牌。新中国成立后，工业设计主要学习苏联。20世纪60年代，随着与苏联关系的破裂，我国开始倡导“自力更生”的发展模式。70年代后期，我国开始逐渐引进西方生产设备和技术。特别是随着改革开放政策的推行，政府和产业界越来越清醒地认识到工业设计对于提升企业的核心竞争力有着十分关键的作用。与此同时，人民群众对于工业产品的需要也从简单实用，向美化与理性并重转变，这无疑对工业设计提出了更高的要求。20世纪80年代，我国自主品牌的发展进入了黄金时期，以洗衣机、电冰箱、空调、电视、音响等为代表的家用电器进入寻常百姓家。企业逐步开始认识到除了产品的性能，产品的设计也成为人民群众是否购买的重要参照。90年代，市场出现了供大于求的局面，逐渐向买方市场靠拢，工业设计成了商家决一雌雄的重要战场，著名的企业都聘请了设计师对自己的产品进行升级换代。

北京作为首都，传统体制留下的包袱较重，面对计划经济体制遗留下的小而全、企业分散的产业结构，已无法在未来竞争中取胜。只有将各种优势通过独树一帜的工业设计融入产业和行业发展战略的每一步骤和环节中，才有可能形成整体竞争优势，在未来强手如林的商战中赢得一席之地。正是在这一时期，北京开始进一步打开国门，向以美国和日本为代表的西方加强学习交流。1992年，北京市科学技术委员会成立了以设计实践基地为主要目的的北京工业设计促进中心。1995年，北京市科学技术委员会、中国工业设计协会联合主办了“1995北京国际工业设计活动周”，其间举办了国际工业设计展以及相关的学术研讨和交流活动。1996年，北京市组织实施工业设计示范工程，将工业设计引入企业。1998年是北京工业设计领域对外交流最多的一年，重要的交流活动包括：北京市工业设计促进会、中国国际经济技术交流中心、美国工业设计师协会共同主办的“1998西方工业设计研讨会”；北京工业设计促进会与美国工业设计师协会签署了双方合作交流意向书，中央工艺美院促进会组织了由美国工业设计协会主席及执行总裁、青蛙设计公司副总裁、摩托罗拉公司设计部总监等参加的关于“美国工业设计发展及现状与产品设计”的讲座；此外，北京工业设计促进会组织理事单位赴日考察工业设计，与日本政府组织、企业、院校、设计公司等进行了广泛的交流接触，并在福冈举办了中国工业设计情况介绍会。1999 年，“北京设计”网站正式开通，成为中国第一个设计机构服务性网站和信息数据库，以及提升企业、设计师设计能力的信息中心、知识中心、学习中心和服务中心。

进入 21 世纪，随着北京经济结构的调整，工业设计越来越受到相关部门的重视。2005 年成立的北京 DRC 工业设计创意产业基地，以设计资源协作推动企业自主创新和促进设计产业发展为主导，以设计人才培养、搭建服务平台和设计企业孵化为重点，提供用户体验实验、静态影像、3D 打印、CNC 手板加工、快速印刷、新材料等技术、设备资源，以及工商注册、企业年审、投融资、市场推广等服务。其模式与思路对全国而言都具有开创性意义。北京工业设计产业的蓬勃发展，不仅提升了北京地区的设计品质，对全国工业设计的发展也发挥了很好的带头作用。2012 年，北京市被联合国教科文组织授予“设计之都”称号，设计从业者达到 25 万人，各领域设计企业数目达到 2 万多家。

第三节　北京工业设计的发展环境与发展模式

一、北京工业设计的发展环境

（一）政府高度重视

浙江大学原校长、中国工程院院士潘云鹤（云帆，2001）曾经指出：“中国制造业所处的是一种尴尬局面：一方面，由于产品越来越趋同，企业利润在变薄，不得不采取价格上的竞争以及其他一些手段来求得生存；另一方面，长期以来，政府致力于对设备和生产能力扩展的投资，而对社会创新能力扩展的投资严重缺乏。”近年来，伴随着文化创意产业概念的兴起，政府对于工业设计有了新的认识。特别是像北京这样的文化创意中心，对于工业设计已经制定了一系列的推动政策，包括财税、金融、集聚区建设等方面都进行了大力的推动。其中，由北京市科学技术委员会主要推行的包括“一个基金、两个计划”。

一个基金即北京市中、小企业创新基金。为扶持和引导创意型中小企业的自主创新活动，促进科技成果的转化，培育一批具有中国特色的创意型中小企业，加快高新技术服务业发展进程，北京市科学技术委员会每年都会组织北京市中、小企业创新资金——高技术服务业专项申报。申办要求企业主要从事高新技术产品的研究、开发、生产或服务业务，申请支持的项目必须在其企业法人营业执照规定的经营范围内；直接从事研究开发的科技人员占职工总数的比例不低于10%；有良好的经营业绩，资产负债率不超过70%；每年用于高新技术产品研究开发的经费不低于销售额的5%。

两个计划包括“设计提升计划”和“设计新星计划”。前者为培育设计产业成长，鼓励生产制造企业自主设计创新以及为满足设计产业发展中对应用型、实战型人才的迫切需求而建立。后者的目标则是通过整合国内外设计培训资源，形成一套较为完备的设计培训、认证体系，为企业输送具有实战经验和综合项目管理经验的未来设计人才。北京市科学技术委员会设立这两项计划，重点资助设计企业与生产制造企业合作，在产品研发、包装装潢、家装建材、服装服饰、环境景观、工艺美术等领域，以设计创新为手段，开展科技成果转化、形象创新、具有示范性效果和行业影响力的项目。力争通过政府的经费资助推动设计产业与生产制造企业的对接，促进企业成为自主创新的主体，增强科技成果的应用转化，提升商品的市场竞争力。实现依靠科技促进生产性服务业、文化创意产业和制造业发展。

一方面，政府的推动给工业设计公司带来利益，推动了工业设计企业数量的快速膨胀；另一方面，单纯的政府推动很难在根本上带动工业设计的发展。官方数据显示“北京市规模以上工业设计公司超过800家”（师烨东，2013），但是多为附属于大企业的设计公司和研究部门。北京市真正的工业设计企业也就百余家，而能做出精品原创设计的，只有十几家。

（二）需求条件薄弱

工业设计的服务对象主要是制造业企业。与长三角和珠三角地区的上海、广州和深圳等城市相比，北京所在的京津冀地区，制造业不够发达，工业设计的市场规模不足够强大，间接影响了北京工业设计技艺水平的提高。设计出产品之后，制作模具是一个非常重要的环节。珠三角地区有大量的模具厂就分布在制造企业与设计公司周边，工业设计公司作出设计之后可以及时与模具厂进行沟通与修改。北京的模具厂一方面数量较少，另一方面效率低，价格也高（师烨东，2013）。

目前，北京乃至京津冀地区的工业设计领域没能像长三角或珠三角那样形成地理上的集聚。对于北京的工业设计公司来说，除了一小部分民营企业是其客户或者寻求合作的目标外，数量庞大的国企与央企是北京独有的地缘优势，这些企业对精品设计潜在的需求有可能成为北京工业设计重要的发展契机。这些央企或者国企的规模较为庞大、实力雄厚，对工业设计的需求也较高端，因此可以带动一批做精品的工业设计企业的发展。工业设计在北京亟须走出一条符合北京地域与文化特色的主打高端工业设计的发展之路。北京的工业设计企业，需要在精品业务成为需求主流之前，沉稳潜行，使自己拥有设计精品的能力，逐步树立北京高端设计品牌。北京的设计公司应静心潜行，不单纯追求利益，而是将工业设计的概念落到实处，培育自己设计精品的能力。当在京企业对工业设计的高端需求到来之时，有一定数量可以拿得出手的优秀设计公司，经过持续的资源储备，未来才能带来北京工业设计产业的大发展。

（三）高端人才丰富，但是设计类实用型人才不足

一般意义上，人力资源，特别是高端人才是北京最大的优势，因此北京工业设计的发展应当紧紧围绕着发挥人才优势，促进科技成果向产品和服务的转化。同时，加强工业设计的宏观管理和实践，逐步形成以设计创新为核心的产业或企业集团，在国内市场上夺取竞争优势的基础上，进而走向世界，打造北京工业设计的品牌。但是，现实的情况却是北京一般意义上的高端人才，包括研究生以上人口比例、从事科技和艺术就业人口比例等都很高，而真正从事工业设计领域的专门人才却并不是非常突出。

比起珠三角地区拥有的几千家工业设计公司，北京只有百余家专门从事工业设计的公司。因而，北京不可能为设计人才提供太多的就业岗位。加上近年来，面对人口的不断膨胀，北京提出了一系列疏解人口的

政策，对于工业设计人才，特别是具有较多工作经验的实用型人才的吸引形成了很大的制约。

北京工业设计的品牌要想打响，需要时间积累，培养一批优秀的设计公司。政府应该对这个积累过程有足够的耐心，在强调工业设计产业发展到多大规模的同时，更要注重企业质量的提升。设计真正的价值在于它可以为产品创造的附加值。我们在市场上所见到的任何一个产品，其价值很难从设计里剥离出来。在看待工业设计时，政府不能简单地量化评价，而应从一个关联性的角度来看待工业设计，建立一个合理的评价体系，通过吸引真正实用的人才，培育若干有市场竞争力和号召力的企业，并对产业进行持续的扶持与投入。

二、北京工业设计的发展模式

我国的制造业设计普遍缺乏创意，所以没有太多的自主创新设计，更多的只是模仿和改进，所以出现了所谓“山寨”这样的形容词。大多数企业的生存方式是 OEM（贴牌生产），其主要特征是：技术在外，资本在外，市场在外，只有生产在内。在这样的模式下，国内企业不需要太强的设计能力。大量的 OEM 虽然使我国产品出口总量大幅度上升、GDP 迅速增长，但同时也使我国企业在产品设计中形成对国外的依赖，不能形成自己的品牌，在商品价值链中也只能分得很小的一部分利润。在劳动力价格日益增长的背景下，我国正逐渐丧失在国际间的竞争优势。一些产品虽然自主知识产权是我国的，但核心设计仍然是国外的。特别是在汽车、机械以及计算机等高新技术产业中，诸如此类的现象仍然很普遍。许多大企业对设计缺乏专门的资金投入，更没有自己的设计师队伍。

北京工业设计在这样的大背景下发展，吴天芝（2007）认为其形成了四种发展模式。这四种模式本质上是四类机构，它们依靠不同的资源禀赋，乃至经济来源发展壮大。

1. 自由职业设计顾问公司

20 世纪 90 年代之后，北京陆续出现了一些真正意义上的专业化制造业设计公司。到了 21 世纪，其中的一些公司抓准市场脉搏，依靠北京强大的设计、人力资源，打造了行业中较为高端的工业设计品牌。

2004 年成立于北京的洛可可集团坚持创新为本，由一家工业设计公司发展成为一家国际整合创新集团，总部位于北京并成功布局英国伦敦，以及中国深圳、上海、成都、重庆和南京等地，成功开发上千款产品，并多次赢得红点、IF、IDEA、红星等国内外大奖。致力于成为一家代表中国的世界顶级的创新设计公司，洛可可集团创造了多项行业记录：它是首家独揽四项国际顶级设计大奖（包括 9 项红点、3 项 IF、1 项 IDEA、42 项红星），得到中央电视台、凤凰卫视、国务院新闻办公室、德国《商业周刊》等重量级媒体多次报道的设计公司，是唯一一家曾多次受到国家领导人接见的设计公司，是中国对外宣传创意产业的主力代表。洛可可集团已成功帮助客户开发上千款产品，荣获十多项设计发明，并赢得了诺基亚、西门子、三星、壳牌、松下、GE、联想、美的等众多国际国内知名品牌的青睐，它曾被主流媒体评为未来行业领袖。提供有品质、有品德、有品位的设计服务是洛可可集团不变的宗旨，洛可可人希望用行动挺起中国设计的桥梁，成为一家代表中国的世界顶级的创新设计公司。

北京智加工业设计有限公司（以下简称智加）则是北京大力扶持的 DRC 设计产业基地中最大的工业设计企业，具备整套产品研发能力。智加有完善的项目管理，外观、结构、样机等综合实力较强，它组建了一支百余人的设计团队，来应对企业在各个新产品开发阶段所面临的问题。这其中包括品牌研究与策划专员、材料分析师、色彩分析师、工业设计师、产品体验师、机械结构工程师、电子软件开发工程师、产品质检专员、生产监理专员、项目专员等，为企业提供产品创意设计、产品包装设计、电子电路控制设计、自动化驱动设计、OEM、ODM 等服务。随着市场的逐步扩大，智加的业务网络也由北京逐步向外延伸，遍及天津、河北、长三角、珠三角，以及日本、韩国等国家，服务的客户达上千家。仅 2011 年，智加完成的各类产品设计项目就达 180 余个，通过为企业提供包括产品识别语言规划与设计、人机体验优化、电子电路控制系统设计、自动化技术、驱动系统、样机制作及模具批量代工、产品包装的服务，实现了企业新产品开发效率的提高，以及产品附加值的增长。它先后为联想、海尔、中科院、中国航天院、北京大学、国家电网、中国普天、中国石化、利仁电器、杭州迪普、长荣股份等国内知名企业及科研院所提供设计服务，在行业内赢取了广泛声誉，并得到了北京市科委、北京西城区政府、北京工业设计促进中心等政府机关单位的扶持。智加的一个特点是注重节约成本，在长三角、珠三角、京津冀三地开发了模具加工厂、钣金加工厂、模型制造商、包装生产商等 300 多家生产供应商，在日本、德国开发了 40 余家零配件供应商，构建了一套成熟的“产品生产及供应链管理体系”，打造全球性的资源共享模式，保障企业产品最终的落地实现。

2. 政府支持的设计机构或企业

政府支持的设计机构包括两类：前者以北京工业设计促进中心为代表，是政府实施工业设计科技促进专项计划，推进设计创意产业发展的促进机构；后者以北京经纬工业设计公司为代表，由政府投资股份方式建立的设计公司。

北京工业设计促进中心主要承担工业设计的政策规划研究，为企业提供设计咨询，开展国际设计交流合作。目前，该中心已经承办了一些设计论坛，举办了设计技能专业培训。北京经纬工业设计公司的客户对象包括政府机构、信息产业、家具制造业、家电业、医疗业等，为企业提供产品的设计和服务。它主要经营工业品外观设计及技术咨询、电子计算机辅助设计及辅助制造系统、销售化工、建筑材料、机械设备、电器设备。注册员工人数为 20 人，注册资本 200 万元人民币，规模较小，目前还没有在行业中取得突出的表现。

3. 院校工作室

北京的高校资源是其独一无二的优势。高校中的研究人员往往以院校为依托，成立工业设计工作室或公司。这些公司在从事工业设计本职工作的同时，往往承接着一些研究生或大学生到工作室实习，从而使学生达到边干边学的效果。这类机构注重设计概念的创新，以及设计的整体解决方案和企业的文化性，涉及的企业范围包括信息、家电、通信、医疗、交通工具制造业等。

2000 年，中央美术学院设立了数码媒体艺术专业，随即又成立了五个工作室，包括数码影像工作室、数码声响工作室、数码动画工作室、EPSON 数码影像工作室和数码视频工作室。课程包括数码影像系统、数码图像、数码视频、三维动画、数码动画、多媒体设计、数码声响、视频影像、交互式影像、设计表现、动画表现、互动媒体、专业创作、互联网艺术和当代艺术史等。这些工作室不仅是培养科技与艺术结合的两栖人才的教学基地，也同时承担着中央美术学院与国际媒体艺术交流的事务，比如，该学院每年邀请国际媒体艺术家和客座教授前来教学，并定期举办数码媒体艺术交流展。

2009 年，以清华大学美术学院毕业生为核心的团队成立了“众智创业创新设计服务专家”（以下简称众智设计），开始为张裕集团、国林实业等大型公司提供高品质的专业化设计服务。众智设计同时还引入清华大学经济管理学院的先进管理理念，加入了北京科技大学国家重点实验室的技术支持。2012 年，众智设计业务领域进一步拓展，开始为小米、锐捷、海尔等公司长期提供设计服务。

4. 企业设计部门

此类机构是北京工业设计最多的存在方式。从 20 世纪 90 年代开始，北京一些制造业企业开始建立自己的设计中心。经过多年的发展，这些设计中心吸引了大量的人才。特别是在信息产业领域，一些企业不仅成立了自己的设计机构，还与国外大型设计机构合作，并建立了广泛的联系，进而带动了整个工业设计产业链的发展。

联想创新设计中心就是这样一家隶属于联想集团的研究设计机构。这支团队通过对人的关注及先进的设计手段和技术工艺，成为联想全球创新体系的重要组成部分。联想创新设计中心全面负责联想集团产品工业设计战略的制定、全线消费产品等设计开发和设计推广，包括台式电脑、笔记本电脑、服务器、小型手持类产品、外设产品等。联想创新设计中心由 80 余位设计精英组成国际化团队，横跨 10 多个专业，并由 14 个创新实验室跨专业综合协同运作。研究范围涉及用户研究、产品设计、结构设计、平面设计、交互设计、同步制造、模具工程、材料工程、项目管理等多个领域。联想创新设计中心还致力于通过设计推动中国文化和东方文化的传播，参与并引导全球创意潮流。比如，其设计的 2008 年北京奥运火炬，在全球范围内传播奥运精神和中国文化。

20 世纪 90 年代初期，联想创新设计中心更多的是从形式上追随其他国际产品；现在，它们已能自信、自主地设计出极富中国文化底蕴、具有国际品质，并为国际市场所推崇的作品。早期的联想创新设计中心多是聚焦于产品的外观，现在则深入到产品开发的诸多方面，横跨用户研究、产品设计、界面设计、包装设计、平面推广设计、产品摄影、机电设计、材料工艺、设计战略等十多个专业领域。早期的设计往往是设计师单枪匹马地利用有限的资源来完成。如今，联想创新设计中心在开发机制和资源上已实现了飞跃，并引入了规模化、科学化、国际化的管理机制，使设计成为企业迎击对手的核心竞争力。

在多年的积累和发展过程中，这支具有全球视野和一流原创精神的队伍所设计的产品囊括了全球所有著名设计奖励。例如，IDEA 金奖、REDDOT 至尊奖、日本 G-Mark 国际工业设计大奖、Intel 创新 PC 奖、首届亚洲 IF 设计中国优胜者奖、香港亚洲最具影响力优秀中国设计奖等。2005 年，联想创新设计中心一举将国际最著名的 IDEA 设计奖、IF 设计奖以及 REDDOT 概念设计至尊奖揽入怀中，成为首个囊括此三大国际设计奖项的中国本土企业，并被 REDDOT 授予全球唯一一家“企业之星”称号。2006 年，联想创新设计中心又一举摘得 IDEA 设计竞赛两项金奖，成为该届唯一一家获得两项金奖的企业，展示了中国企业世界级的创新实力。据统计，从 1999 年至今，联想创新设计中心荣获国际国内设计奖励 80 多项，各项专利 600 余项。

国内外媒体对于联想创新设计中心给予了广泛的认可，包括《商业周刊》、Plastic、CHIPS、Asia Inc.、《香港经济日报》等，对联想基于中国文化和中国特色的设计理念和设计水平都给予了极高的评价。

第四节 北京工业设计的产业链与社会网络

官方数据显示“北京市规模以上工业设计公司超过 800 家”，但是去除附属于企业的设计公司及研究部门，北京市真正的工业设计企业也就百余家（师烨东，2013）。由于国内企业高质量的需求很少，大多数设计公司往往依靠接单低质量业务维持生存。在珠三角地区，一些设计公司依靠大量电子制造企业需求进行山寨外观设计而生存。在北京的设计企业处境更加严酷，即便是低端业务，由于距离制造业企业远，也常常面临着订单不足的问题。低端设计仍是目前国内工业设计市场需要的主流。而作为这类需求的主体，大量的中小制造企业分布于南方。这使得北京的工业设计企业面临着尴尬：与设计业务需求主体距离远，产业发展缓慢且产业配套不够完善。

一、北京工业设计的产业链

（一）工业设计嵌入在全球生产网络中

工业设计是商品价值链的重要环节，嵌入在覆盖于全球的生产网络之中。所谓全球生产网络，有关“芭比娃娃生产方式”的调查报告是最好的说明。20 世纪 90 年代，有研究记录了世界上多个国家和中国港台地区的企业参与其生产过程的情况：中国台湾地区企业从进口石油中提炼出塑料材料，生产芭比娃娃的身体；日本企业生产技艺要求高一些的部分——芭比娃娃的尼龙头发；中国内地企业则提供棉花、电力、土地等生产资料和负责组装玩具的廉价劳动力；最后，中国香港的公司将其负责统筹组织生产的芭比娃娃出口到美国。美国同时是整个生产网络的始发站和终点站，它不仅是最终产品的最大消费国，同时也是新产品的研发、设计源地（卜国琴，2007）。以芭比娃娃的生产为例，其工业设计作为全球生产网络中的一环，主要存在于美国。

（二）工业设计在本地也构成产业链条

工业设计往往发生于全球生产网络中具有较高人力资源的国家和地区，是商品生产过程中的重要一环。工业设计本身并非绝对的产业链的最小单位。相反，工业设计也可以划分为多个环节。一般而言，工业设计产业链包含“需求创意化—创意概念化—概念视觉化—视觉工程化—工程实物化—实物产品化—产品商业化”七大重要环节，涉及信息、创意、新技术、新材料、新工艺等多方面因素。查阅工业设计公司的资料，还可以将其产业环节做一个更为具体的分类。

如图 7-1 所示，现代工业设计不是一个简单的构思，而是与整个工业产品的制作都会或多或少发生联系的过程。产品设计，与产业链后方的手板制作、模具制造等都有较多的互动。

图 7-1　工业产品制作的一般流程

首先，研发或设计完成的产品均需要做手板，制作手板是验证产品可行性的第一步，是找出设计产品的缺陷、不足、弊端的最直接且有效的方式，从而对缺陷进行针对性的改善，直至不能从个别手板样中找出不足。至此，通常还需要进行小量的试产进而找出批量里的不足以进行改善。按所用材料，手板可分为塑胶手板、硅胶手板、金属手板（其原材料为铝、镁合金、不锈钢、铜等金属材料）。按手板所要实现效果，可分为外观手板、结构手板、功能手板。①外观手板：主要检测产品的外观设计，要求外观精美、颜色准确，对内部的处理要求不高。②结构手板：主要检测产品的结构合理性，对于尺寸要求较高，对外观要求相对较低，国外对这类要求尤为严格。③功能手板：要求实现跟真正的产品完全相同的外观、结构及功能，可以理解为未上市的成品，是要求最高、难度最大的一类手板。

其次，手板制作后，还需要利用 CAD/CAM/CAE 计算机系统软件、高精度数控加工中心、数控电火花、线切割及大型数控机床等进行模具的制造、机械件的加工。如果是塑料或者橡胶制品，还需要进行注塑加工，即将熔融的塑料利用压力注进塑料制品模具中，冷却成型得到想要的各种塑料件，或者橡胶注塑成型，即将胶料直接从机筒注入模型硫化。再经过对产品外表的一些修饰，就能得到产品的雏形。这些过程都是对原有设计的检验。一旦出现问题，可以及时追本溯源，发现设计中存在的缺陷。

（三）北京工业设计产业链的特征

北京的工业设计，文化、人才、科技资源高度聚集，在产业链前端具备独特的优势，但在后端尤其是快速成型、逆向工程等技术性环节能力有待提高。产业人才储备丰富的同时却远离市场需求，从而导致其产业链发育不是十分充分，最终影响了产业的规模、乃至工业设计的水平。正如朱华晟等（2011）的抽样调查结果所显示的，北京的工业设计企业具有以下四方面特征：第一，多数企业处于初创期；第二，企业人数规模小；第三，设计业务范围广，仅有 3 家样本企业专门从事一类产品的设计，其余公司均涉及多个领域的产品设计；第四，工业设计企业集中分布在四个地区，即北京 DRC 工业设计基地、“中关村—上地”、“798”艺术区，以及朝阳 CBD 地区。

客观条件的局限导致有些企业在开发产品或新产品试制时，往往初期只注重于产品研制与开发，忽视与模具制作单位的沟通。在北京，工业设计的思路常常不能及时形成手板和模具，从而影响对设计思路的检验。这造成了一些潜在的问题，在产品设计方案初步确定后，可能导致：①不能保证设计的产品有好的成形工艺，又可能因零件难以加工而不得不修改已经定型的设计；②模具制作方不能提前做设计准备，不能很好地应对突发事故，影响工期。

总之，制作高水平的工业设计需要高质量的手板和模具相配合。只有供需双方紧密合作，增强互动，才能最终降低成本，缩短周期，提升工业设计的水平。珠三角地区有大量的模具厂就分布在制造企业与设计公司周边，工业设计公司作出设计之后可以及时与模具厂进行沟通与修改。由于北京的模具厂数量太少，所以间接造成北京设计“价格贵”且“效率低”。

二、北京工业设计的社会网络

北京的工业设计业务量少，设计公司要想接活，主要靠的是百度竞价排名与网络广告，社会网络关系相对简单。通过网络搜索与广告带来的业务，往往是中小企业的低标准设计（师烨东，2013），在一定程度上体现出北京工业设计的发育不充分。

尽管如此，北京工业设计公司还是与多方面发生着社会联系（图7-2）。首先，设计公司需要设立办公场所，而且往往建立在一些文化园区，而这些园区由多方面的推动才建立起来。这包括工业园区原来所属的工厂，北京市、区两级政府文化产业管理部门，以及北京市政府所管辖的事业单位工业设计促进中心（简称工促中心）等。在这些机构的通力合作之下，文化产业园区才得以建立，工业设计公司才有了立身之地。其次，工业设计公司需要风险投资的支持。再次，工业设计公司像其他文化创意产业部类一样，与地方劳动力市场（特别是本地的高校教师、研究生等）的发育程度密切相关。最后，工业设计公司还与产业链下游的模具制造厂、实体的制造业企业有着较密切的联系。

朱华晟等（2011）定量测度企业与政府及行业协会等的关系，结果显示：在五类辅助性机构当中，企业与行业协会的联系强度相对最大，其次是高校科研机构，政府部门位于第三位，明显高于企业所在办公空间的物业管理部门。无论是在英国，还是澳大利亚、新加坡、日本及韩国等国家，政府在工业设计的作用都是至关重要的。政府除了运用产业政策、资金补贴等引导投资，还可以充当企业、公共组织、金融机构以及个人工作室的中介，将创意产业与其相关部门以及科学、政治、行政等机构联系起来，甚至作为创意经济的发动者，促成地方创意生产系统的构建（朱华晟等，2011）。

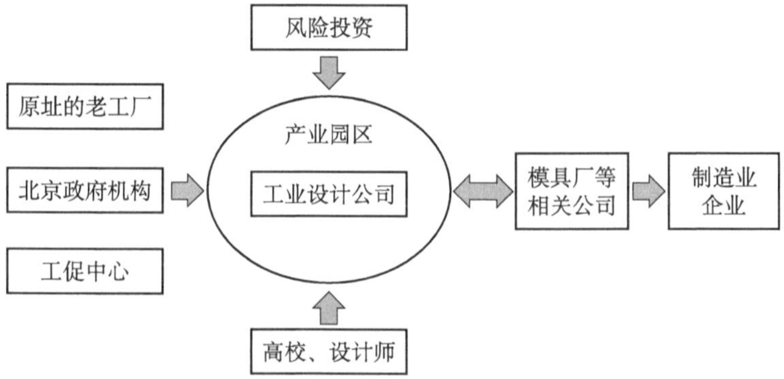

图 7-2　北京工业设计的主要参与者及其关系

北京市政府对工业设计的推动集中体现在北京工业设计促进中心的建设上，其主任陈冬亮曾指出工促中心的主要作用是“工业设计领域平台有意识地整合国内外优势设备及软件研发制造商、技术应用和服务商、高校研究机构、工业设计企业等，不仅是引入国际领先高端技术，更是通过此平台传播和普及新技术的应用，从而带动工业设计产业链整体水平提升”（陈彬，2010）。

值得注意的是，政府对北京工业设计的影响也有不利的一面。北京的工业设计园区大多为公司制的企业，但是又普遍具有浓厚的政治色彩。近年来，经费紧张的困窘状况日益突显，经济扩张力度加大。针对这种情况，应借鉴国外政府再造的成功经验，转变城市政府职能，构建更加侧重结果导向和客户导向的合作型城市政府，使工业设计园区达到去行政化的目的，进而避免利用公共资源，扰乱市场正常的竞争秩序的行为（朱华晟等，2011）。

周尚意等（2011）指出，工业设计企业之间的互动影响企业的创新能力，那些在企业网络中处于较好位置的企业的创新能力也较强。因此，优秀的龙头企业常常能够带动整个产业园区工业设计产业的发展。然而，北京这样的企业少之又少。即便是在中国工业设计领域获得首个国家政府奖项的企业都很难单纯依靠设计生存。2012 年，在“中国优秀工业设计奖”的评选中表现突出的华新意创设计公司设计了无人飞机，曾经成为仅有的十个获奖单位之一。但是，因为做工业设计在北京赚到的钱实在是太少了，华新意创开始拿出部分精力放在旅游产品的生产上。

第五节　打造北京工业设计的创意空间——北京工业设计发展的前景

一、北京工业设计的战略地位

尽管北京工业设计产业的发展面临着市场需求不足、模具制造厂等产业链下游配套水准不高的困难，北京文化创意产业发展中还是应当充分重视工业设计的战略地位。其原因至少有以下两点：

首先，发展工业设计是北京乃至我国经济进一步发展的客观需要。工业设计对于制造业升级有重要的推动作用，京津冀地区乃至我国制造业的进步需要北京工业设计的发展。虽然目前这类制造业企业大多在南方省市，但随着经济的进一步发展、京津冀地区产业结构的调整，相信会有越来越多的“中国制造”需要工业设计的帮助，打造自主品牌，向“中国创造”转型。

其次，发展工业设计是北京智力资本优势得以发挥作用的重要渠道。北京拥有全国最发达的智力资本和科技水平。雄厚的教育资源和良好的国际化背景有助于聚集一流的创意设计人才，形成北京发展文化创意产业的源头。如果不将其作为支撑点，并加以培育，我们的产业发展和文化发展都很难在国际上获得足够的竞争力和话语权。因地制宜发展工业设计，有助于突显北京作为全国文化创意产业第一人才高地的地位。

二、北京工业设计的机遇与前景

就当前北京的工业设计公司来说，有三个机遇需要把握：首先，数量庞大的国企与央企对精品设计潜在的需求是一个发展契机。这些企业对精品设计的需求量可以带动一批做精品的工业设计企业的发展。其次，诸如微软、宝马、奥迪等跨国企业有一定量的设计业务需求外包，它们会优先在北京寻找设计公司。与这些公司合作是北京的工业设计公司锻炼其精品设计能力的机会。最后，除了传统的玩具、动漫、服装、手机和家具等，3D 打印、机器人、IC 设计和新材料等新兴产业正成为工业设计行业拓展的重点领域。与国内其他城市比较，北京在这些领域具有一定的优势，亟须把握机遇，占领市场。相信在不远的将来，随着全国整体经济环境的转变，北京工业设计一定会有光明的前景。

第八章
北京出版业发展研究

第一节　出版业的概念与特征

一、出版业的概念

西方国家一般称出版行业为“出版业”“出版商”等，包含的项目可大可小。比如，在《世界版权公约》中，“出版”一词，系指以有形形式复制，并向公众发行的能够阅读或可看到的作品复制品，涵盖的范畴较大。英国《不列颠百科全书》“出版史”条目甚至把新闻业也纳入出版业的范围。日本的《出版事典》中“出版业”的概念范围较小，将其界定为常规经营的营利企业，非营利的不包括在内（曾庆宾，2003）。在国内许多论著中，出版业又称为“出版行业”或“出版事业”，就是生产传播出版物的各个出版单位及其设施和活动的总称。

由于历史原因，国内通常将出版业称为“出版事业”。《简明编辑出版词典》中对出版事业的定义是以编辑、出版、印刷、发行各种图书、报刊、音响等物，传播、积累一切有益于社会发展的科学技术和文化知识，提供精神文化食粮的一项政策性、知识性、专业性的行业。《中国大百科全书·新闻出版》一书提出：出版事业有广义和狭义之分，广义是泛指出版企业单位（包括出版、印刷、发行）、出版事业单位（包括出版教育、研究部门）和出版行政管理机关；狭义就指出版企业。随着改革的不断推进，出版事业单位纷纷向企业转轨，狭义的概念和广义的概念正变得接近。

此外，在我国，出版业常常被称为新闻出版业。比如，2010 年，国务院下发的《关于进一步推动新闻出版产业发展的指导意见》中定义新闻出版业为包括图书、报刊等纸介质传统出版产业，数字出版等非纸介质战略性新兴出版产业，数字出版、网络出版、手机出版等以数字化内容、数字化生产和传输为主要特征的战略性新兴新闻出版业态，动漫、游戏出版产业，印刷复制产业，新闻出版流通、物流产业等五方面内容。限于研究精力，本书主要研究传统出版业。

二、出版业的特征

作为文化创意产业的分支，出版业具有知识信息密集、智力投入为主、产品需要知识产权保护等文化创意产业共同的特征。与此同时，它还具有以下特征：

首先，出版业内涵丰富，报纸、期刊、图书、音像等不同类型的产品遵循不完全相同的发展规律。一般而言，报纸出版需要最及时的信息，报纸的成功与否主要取决于其收集信息的能力；学术期刊则更依赖于其所在的学科以及挂靠的单位等外在条件；大众读物类型的期刊与人民群众的阅读习惯密切相关；图书、音像的出版也都依赖于其自身的市场状况、生产要素等独特的条件。

其次，出版业是绝大多数文化创意产业获取垄断收益的必经环节。文化创意产业在有些国家与所谓的版权产业是同义语。无论是影视、动画，还是音乐、设计等各类版权产业的产品在投入市场之前，都要经过加工包装和出版才能推向消费市场。因此，出版产业与绝大多数文化创意产业都有一定的联系。

最后，出版业兼有赢利和公益双重目的。出版物可以满足人类不同层次的需求。就满足一般娱乐需求的出版物而言，出版业的目的主要是赢利；就那些注重满足特定领域，特别是学术领域的出版而言，出版业有一定的公益性质，其出版和发行常常需要来自第三方的资助。

出版业的历史可以分为两个阶段，即 19 世纪到 20 世纪 40 年代的传统出版业和 20 世纪 50 年代至今的现代出版业。

传统出版业以图书、期刊为主。在封建社会时期，大规模地复制印刷尚不可能，出版活动更多地被看作是文化活动。到了资本主义时期，现代印刷术得以发明，技术的重大革新使出版活动大规模出现，并孕育在市场经济的大潮中，传统出版产业在这一时期才真正出现。图书不再被极少数知识分子所拥有，同时，也不再主要局限于教育用书，而是与文化娱乐这类世俗性的活动紧密联系起来。大规模复制印刷成为社会大众的需要，出版才开始成为一个产业。由于纸质传媒的交互性很弱，更多的是作者指向读者式的单向交流，这就导致出版行业的垄断性较强。出版商往往依靠垄断出版来获得利润，在占有大量的资金、掌握一批优秀作者的基础上，依赖国家、政府或集团的特许而获取垄断利益。出版商之间的竞争不够激烈。

如果说传统出版是建立在印刷术的发明及其普遍使用基础上的工业时代的产物；那么，现代出版就是后工业时代的产物，它是建立在网络信息化基础上的。李胜利（2006）主张现代出版业具有四大特征，笔者同意其大部分意见，并略作修改[①]，认为其特征可以概括为：一是出版行为纳入现代市场经济中，比传统出版业更具规模化，生产、经营活动更富活力；二是出版技术逐步高科技化；三是产业竞争十分激烈；四是出版物对现代社会尤其是全球大众生活的广泛渗透，导致出版程序、出版印制工艺、出版管理、出版物及其营销、传播等诸方面与传统出版业有很大的不同。出版物形式日益多样，电子形式的出版物占有越来越高的比例；与之相随，出版物管理方式也日益电子化和网络化，特别是在发达国家，很多出版物往往单纯在网络上就能完成。

第二节　北京出版业的发展历程及其在中国出版业的地位

一、北京出版业的发展历程

北京作为金、元、明、清等历史时期的都城，出版活动古已有之，并遥遥领先于全国。历史上，北京在明清官刻、私刻和坊刻领域，在近现代报刊出版领域和学术出版领域，在社会主义出版体制的建立和发展，以及现代出版技术、新兴出版业态的开拓等诸多方面，都有十分突出的成就（范军，2014）。

在明清时期，北京就有以《宫门钞》、谕旨、章奏为内容的传统报

① 李胜利（2006）概况的第三点特征是“高度知识化”，笔者认为这不是现代出版业专有的，相反产业高度竞争才是。

刊。清朝时就有北京民间报房各自抄录、刊印的邸钞，统称为“京报”。由于“京报”只是从政府专设机构中誊抄官方拟向公众传递的资讯，作用类似于公告板，不能算作现代意义上的报纸。民国时期，面向社会大众的报纸以及出版产业才开始出现，其中影响最大的也是一份叫作《京报》的刊物。此《京报》于1918年10月5日由邵飘萍创刊。由于其敢说真话，针砭时弊，广受民众欢迎。

新中国成立后，北京作为我国出版业中心的地位逐步确立。1954～1956年，国家对资本主义工商业进行社会主义改造，私营出版、发行业开始有步骤地进行社会主义改造。对那些正当的私营出版社，采取由国家投入部分资金、派入干部、促进联合经营等方式，改造成为公私合营的国家资本主义企业。对那些不正当的私营出版社，将其中熟悉出版业务的人员转入国营或公私合营出版机构，将出版社兼营的印刷、发行业务则并入其他企业。到1956年年底，出版发行业的社会主义改造基本完成。北京因为传统出版社众多，出版中心的地位进一步确立。

改革开放后，出版业也开始转型。1983年6月中共中央作出的《关于加强出版工作的决定》，提出“社会主义的出版工作，首先要注意出版物影响精神世界和指导实践活动的社会效果，同时要注意出版物作为商品出售而产生的经济效果”。这改变了多年来图书出版只是跟着政治运动转的状况，开拓了出版工作的广阔天地，图书出版在许多方面取得了可喜的突破。出版行业开始由传统的计划经济向社会主义市场经济转变，出版业各单位逐步由事业单位向自主经营、自负盈亏的“事业单位企业管理”方向转变。我国进入了出版业的大发展阶段，出版社的数量迅速增多，出书规模成倍扩大。

北京集聚了我国约70%的出版资源（赵均果，王峰，2002）。在出版业大发展的背景下，北京出版业更富于活力和生机。部委和高校所属的出版社对于推动出版业的发展起到了非常重要的作用，涌现了一批包括人民教育出版社、商务印书馆、高等教育出版社、清华大学出版社在内的富于特色、在全国占有龙头地位的出版集团。中央、地方、大学、专业四大类出版社业务开始出现交叉，出版社之间各据所长，互相竞争。

到了21世纪，我国经济领域的改革开放日益加速。2000年后，北京市地方报业在经营体制上进行改革，实施集团化和多元化经营战略，先后成立了北京日报报业集团、北青传媒股份有限公司等。其中，北青传媒股份有限公司在香港上市。但是，相较于工业领域，文化出版类企业的改革仍然有些滞后。很多出版单位过于强调文化的特殊性，对于经营机制的改革持有相对消极的态度。2005 年，中国共产党十六次代表大会前后，中央领导多次强调文化体制改革的紧迫性（柳斌杰，2007），对于出版业的改革加大了推动力度。自 2002 年 3 月起，中国出版集团、中国科学出版集团、北京出版集团在京相继成立，经营方式向企业化转变。但是，大多数出版单位仍为事业单位，有全额拨款、差额补款、自收自支等几种性质。之后，经过劳动人事、分配制度和社会保障制度改革的不断推进，一部分试点单位已经进入转企过程或已转为企业（殷爱平，2008）。2004 年 4 月 5 日，国务院下文批准中国出版集团转制为中国出版集团公司，科学出版集团、人民邮电出版社等多个出版、发行集团均实现了由事业体制向企业体制的转变（乔东亮等，2006）。

《北京市“十一五”时期文化创意产业发展规划》(以下简称《规划》)的出台把出版业的发展提上日程,《规划》的其中一项是将北京打造成出版发行和版权贸易中心。随后，北京市新闻出版局对北京出版业的发展目标和任务进行了部署。北京出版业的创新发展主要围绕出版单位转企改制、数字化转型、资本营运等方面展开。特别是在数字化出版方面，随着互联网的成长，出版业经历着重大变革。在线零售商已跃居最大的图书经销商之一。如今，电子书正威胁并逐渐吞噬着传统图书的销售市场。出版商竭力支撑其传统的商业模式，同时也会为未来占据更大销售份额的电子书市场做准备。

《北京文化发展报告（2007—2008 年）》（以下简称《报告》）指出：软件、网络、计算机服务及新闻出版等四大优势行业成为北京文化创意产业发展的主体力量。《报告》认为，集中在首都的中央各大新闻媒体集团为北京文化创意产业的发展作出了贡献。以新华社为例，截至 2006 年年底，新华社实现营销总利润超过 9 亿元，其中 80% 来自新闻信息产品营销。新华社重点社办报刊发行量逐年上升，2006 年发行总量同比增长 4.28%。信息、网络、音视频、手机报纸等新形式报道用户全面发展，短信、彩信、文字、图片、音视频产品已传送到 1500 多万个终端用户。这些成果对北京其他新闻媒体的带动产生了巨大的示范作用。

如图 8-1 所示，自改革开放以来，北京图书出版快速增长，由 1978

年的 5.12 亿册增长到 2013 年的 24 亿册，增长了近 4 倍。同期，期刊出版由 4.5 亿册增长到 10.36 亿册，增长了一倍多；而报纸由 68.5 亿份增长到 91.72 亿份，仅增长了不到 50%。图书印数增速加大，反映了出版业的活力和繁荣，但是期刊和报纸的增量远没有图书那样多。这一切与多种因素都有关系：一方面是国家的控制，期刊和报纸品种基本保持不变；另一方面是数字化的介入。相较于图书，期刊和报纸受到数字化产品的冲击显然更为强烈。此外，音像制品品种和印数都呈疲软态势，其原因主要是来自新媒体的替代以及盗版的影响。网络出版、手机报等各种新出版形式和阅读终端的出现，对音像制品形成很大的替代。

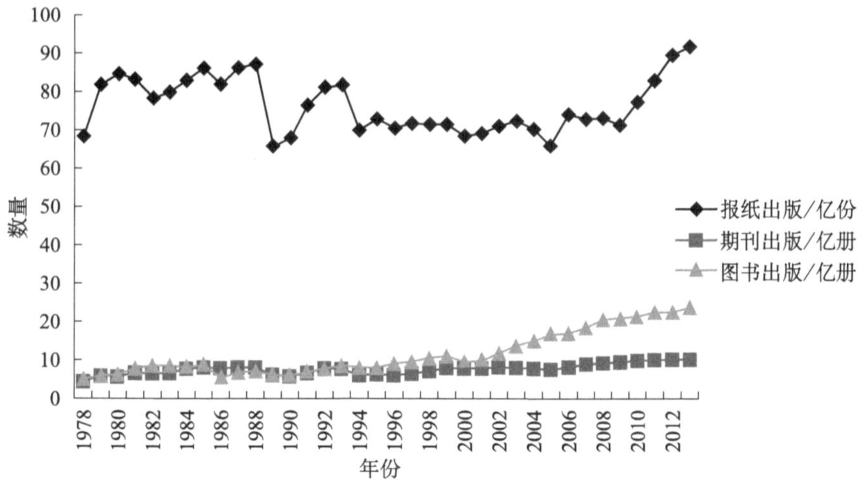

图 8-1　北京报纸、期刊、图书出版情况

注：笔者根据《北京统计年鉴 2015》数据绘制。其中，1991 年及以前，报纸、期刊、图书为出版数；1992 年及以后均为总印数

二、北京出版业的空间布局

杨松（2012）通过对图书出版社、印刷厂、图书策划公司和发行公司采取抽样调查的方法，对北京市出版产业的空间属性数据进行了分析，认为图书出版社主要集中在百万庄和朝阳门至中国国际贸易中心 10 平方公里左右的区域；图书发行公司主要集中在甜水园图书批发市场 1 平方公里左右的区域；图书策划公司则主要沿着海淀图书城及中关村大街和车公庄大街两侧呈走廊状布局。

黄斌（2012）基于街道层面的就业人口数据，通过绘制相关的专题地图，得出北京的出版业分布特征。他认为西二环到西三环，以及北二环、东二环附近的区域是传统上的中央新闻媒体、出版机构以及中央各部委集中的区域。历史传统是北京出版业布局于这些地区的主要原因。东城区包括可追溯到民国时期的生活·读书·新知三联书店在内的一些新闻、报纸和出版机构，新中国成立以来又新建和成立了大量的新闻和出版机构，奠定了现在北京市新闻出版业的主要格局。教育类的出版社由于依托高校的相关资源，地理上与高校临近或者就在高校之内。这类出版机构主要位于海淀区，如中关村南大街的人民教育出版社，德外大街的高等教育出版社等。经营性的新闻业则主要位于朝阳区，如建国门的北京日报报业集团、和平街的北京市新闻出版局、白家庄的北京青年报报社等。近年来，外资新闻机构进入北京，主要选择与使馆区相近的CBD、三元桥区域，也在一定程度上向东拓展了传统的新闻出版业空间布局。

杨松（2012）和黄斌（2012）的研究基于近年来的出版业空间属性数据，对于北京出版业的研究都是较为可靠的，也是符合一般主观认识的。但是，值得注意的是，在近年来北京市对于文化创意产业大力推动的背景下，一些新的出版产业园区正在兴起，甚至有超过原有集聚区之态势。比如，位于西城区德外大街，原新闻出版总署和北京市共建的第一个国家级出版创意产业园——中国北京出版创意产业园，被称为北京市发布的四个首批“市级文化创意产业示范园区”之一。园区集聚文化法人单位近 40 家，包括磨铁、时代光华、时代华语、天闻数媒、北京联合出版公司等知名书业企业，文化法人单位占比超过 70%。2014 年，规模以上文化法人单位实现收入 40 亿元，是目前国内最大的民营书业企业集聚地。

与出版发行相关的图书销售、版权交易也主要集中于三个地区：天安门周围的长安街沿线、中关村地区，以及通州台湖地区。首先是围绕在天安门周围长安街沿线的北京图书大厦、王府井新华书店、外文书店、北京市图书进出口公司等。其次是位于海淀中关村的图书大厦、海淀图书城等。最后是在通州台湖镇新建的出版物流园，也成为出版业最为聚集的区域。北京台湖出版物会展贸易中心园占地 460 亩、总建筑面积 30 万平方米，汇集国内 580 余家出版社、400 余家图书公司、700 余家音像公司的中文图书、古旧特价图书、音像制品，以及国外48家出版集团、380余家国际出版社的外文原版图书，是目前国内最大的出版物集散平台。北京市新华书店、北京新华书店首都发行所有限公司、中国书店、北京市图书进出口有限公司，以及国内外出版社、图书公司、音像制品销售商均入驻中心集聚区开展经营业务。

第三节　北京出版业的价值链与社会网络

一、北京出版业的产业链

出版业包括图书出版、期刊出版、报纸出版以及音像出版等多方面内容。但是，各类出版业的产业链是类似的。所谓产业链，更多的是一种思维方式，也就是一种利用价值链的思想来考虑整个产业发展方向的思维模式。以出版产业为例，在整个出版活动中，生产者为了满足用户的需求，在实现产品价值的过程中所形成的链条称为出版产业价值链（高磊盈，2014）。

出版产业价值链基本如图8-2所示，由作者创作之后，交由出版社编辑审稿，之后交给发行单位经历流通环节，最后到读者的手中。以图书出版为例，大致包括选题、选题报批、组稿、编辑、审稿、申报书号、确定印刷数量和定价、校对、排版印刷、发行销售等业务流程（杨松，2012）。其中，图书出版社、图书发行单位、各级经销商等不同行业参与者负责不同的业务，通过价值链的方式共同完成产品生产流程。

图8-2　出版业的产业链

北京有国内最多、最集中的作者群体，他们可能来自高校、研究机构、社会团体，或是自由职业者等。同时，北京有全国一半的出版社。衣彩天和肖东发（2010）认为，出版业是各个出版集团、组织为了实现自身利益的扩大化而结成的联盟组织。出版社在当前出版业中仍然是至关重要的组织。出版和发行常常都是由出版社进行的，也有一些是经过专门的发行公司流向流通环节。因为北京各类资源充足，北京出版业形成了完整的价值链，并辐射全国。

二、北京出版业的关键行动者及社会网络

通过对北京出版业的调研，我们发现出版社、图书策划与发行公司，以及政府管理部门是出版业网络的关键行动者（图 8-3）。作者、经销商等也可能对出版业发展产生一定的影响，但是这些影响是间接的，作用相对次要。

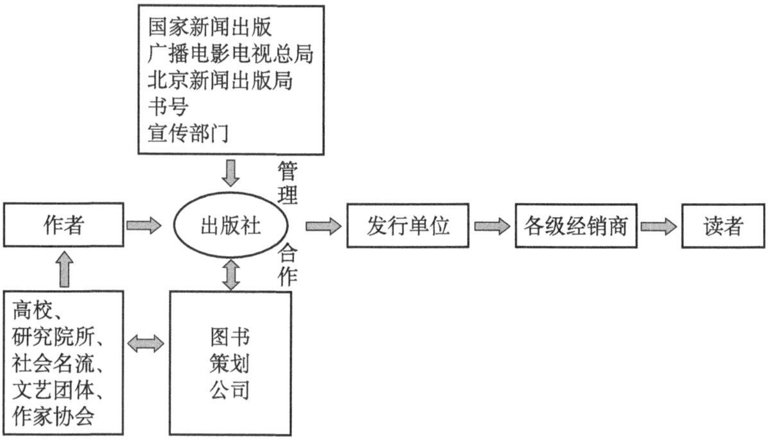

图 8-3　北京出版业主要行动者及其关系

（一）出版社

《国家出版局关于审批新建出版社的条件的通知》规定，主办出版社的单位必须是党政机关和全民所有制的企事业单位。建立中央一级出版社应由部委或相当于部委一级的单位申请，所办的出版社须有主管部委的负责人直接领导。建立地方出版社，应报经省（自治区、直辖市）党委宣传部和省（自治区、直辖市）人民政府同意，由省一级出版行政管理部门向国家出版局申请。所办的地方出版社须有省（自治区、直辖市）主管厅、局的负责人直接领导。

这一规定限定了北京的出版社的非民营性质，同时也给出版社带来了特有的垄断利益，并集中体现在对书号的独占上。民营的图书公司无法获取这一资源，只能选择与出版社合作。在价值链下游的流通环节，目前出版社的渠道，主要包括新华书店系统和本社自建的销售系统。北

京市新闻出版局会发布馆配用书目录，北京市内的出版社可以优先出版目录上的图书。北京新闻出版局将这些图书列在馆配目录上，间接帮助出版社销售。当前，北京的出版结构失调现象突出。以图书出版为例，在大众出版、教育出版和专业出版三大门类中，中小学教材和教辅出版收益远远高于其他种类的出版物。这一局面间接影响了出版社的利益格局，高等教育出版社、人民教育出版社等在出版领域具有很高的地位。

出版社在价值链中的地位与书号密切相关。书号是国家无偿分配给各个出版社的无形资产，除了出版社，其他任何单位、个人没有出版权，出版社常常占据出版价值分配的最高端。《中华人民共和国出版条例》规定出版单位不得向任何单位或者个人出售或者以其他形式转让本单位的名称、书号。

（二）图书策划与发行公司

出版产业链有向上延伸的趋势（徐丽芳，2008）。在出版产业中一直处于上游的创意与策划等部门的职能，从大的出版链条中分离出来，成立较为独立的策划与创意企业，从而向出版社提供图书出版相关的创意与策划服务，以此获得产业链的向上延伸。这种向上延伸的方式在市场经济条件下得以快速发展，很多图书策划公司诞生。这些公司与出版社形成了多种合作方式，一般可以概括为以下几种。

（1）书号合作：文化公司向出版社缴纳一定费用和样书；出版社为图书开具书号、委印单、发行委托书；文化公司负责印刷与主、二渠道的发行，单独享受发行收益，亦单独承担市场风险。

（2）选题合作：文化公司提供选题、书稿，出版社负责选题审核及书稿编审，并免费提供书号；文化公司负责投资以及印刷；出版社从文化公司以成本价进货，或者单独组织印刷，之后发主渠道；文化公司发二渠道；双方各自获得渠道利润，并承担相应风险。

（3）图书合作：文化公司提供选题、书稿，并向出版社缴纳一定费用；出版社负责选题审核和书稿编审，并提供书号；文化公司负责全部图书的印刷，并以一定折扣（一般为 35%）返售于出版社；出版社负责主渠道的发行，文化公司负责二渠道的发行；出版社可向文化公司加货或者退货；双方各自获得渠道利润，文化公司承担较多的市场风险。

（4）股权合作：文化公司与出版社结成利益共同体，表现为文化公司内部参股出版社、为出版社聘用（采取工资加收益提成的方式）工作室和编辑室。

（三）政府管理部门

书号是出版产品的重要标识。国家规定国外出版的图书，虽然获得了国外的书号，但是不能录入中国版本图书馆数据库，亦不得在新华书店发行销售，因而对于书号具有高度的管理权利。

出版社的管理是分级的，国家级的归国家新闻出版广电总局管理，市级的归市出版局管理。两级出版机构都要受到政府的各种约束和考核。其中非常重要的一点就是图书的质量——不仅是一般意义上的是否为好书，还要从政治角度考核图书。如果出版了一些大众感兴趣但是政治观点不够正确的图书，可能遭受通报批评，甚至影响到书号的分配。责任从领导层层追究直到责任编辑，最严重的就是关闭出版社。出版社在从事出版活动中必须依据管理机制，构建以选题控制与管理为主线的流程化的管理模式，从而保障出版物符合相关部门的要求。

第四节　北京出版业存在的问题与发展前景

一、北京出版业存在的问题

（一）管理制度僵化，有待完善

1. 现有“书号”制度限制了出版业的市场活力

现有书号只能发放给出版社，造成了出版社对于图书、刊物出版的垄断。一些富于活力的民营图书出版公司只能公关出版社获取出版资格。“书号”成了图书出版经营成功与否的关键，对出版业的效率提升造成了障碍。出版社向管理部门公关，图书公司再向出版社公关，在大量的成本投入在公关层面的基础上，出版刊物的质量很有可能大打折扣。

2. 出版社“去行政化”遭遇瓶颈

出版社的负责人基本由上级主管部门委派和任命，大部分仍具有司局级、处级等行政级别，出版社员工大多能相应地享受不同的行政级别和待遇。出版业的"行政化"在多方面制约着新闻出版管理体制：中央与市属单位之间很难建立起有效的沟通、合作机制，出版社的经营难以真正地市场化，"企业化管理"往往不够充分，难以激发出版企业的效率提升。

（二）出版结构比例失调

当前，出版结构失调是普遍现象。无论是报纸、杂志、图书，还是音像领域，用作教育用途的产品出版数量远远多于大众出版物和专业出版物。对教材尤其是中小学教材和教辅的高度依赖，反映了出版市场的"虚高"，真正广为大众接受并喜爱的好书、好作品仍然有限。

（三）应对数字出版的发展缺乏更高效举措

近年来，基于互联网的数字出版的发展是出版业的一大重要现象。在大力推动出版物流通的同时，数字出版游离于出版管理体制之外，盗版现象时有发生，影响了数字出版，乃至整个出版产业的良性发展。

电子书打破了国内传统图书出版的规划，绕开了书号的限制以及图书评审制度。传统的版权法关注的核心是复制权，但是在信息网络社会，需要对这种以复制权为核心的版权保护制度进行重构。单纯的复制并不会伤害权利人的著作权，引起侵犯版权的关键行为是把复制品向公众发行或传播（吕炳斌，2007）。可以说适用于纸质图书出版的法律法规，在电子书出版环境下会失灵。现有的规定对传统出版机构出版的电子书是否使用中国标准书号和如何使用中国标准书号有明确的要求。但电子书出版商和电子书平台在具体执行过程中不按规范标注甚至不标注等情况比较严重（李镜镜和张志强，2013）。

二、北京出版业的发展前景

（一）传统出版业稳中求进

如图 8-1 所示，北京的报纸、图书和期刊三类出版物自改革开放以来不断增加，但是，增长的幅度却相对稳定。各种迹象表明，互联网和数字传媒的兴起并不能彻底取代传统读物，传统出版业仍然有着巨大的市场份额。

以报纸为例，随着智能手机的使用和各类电子阅读器的广泛传播，电子读物日益普及。但是，报纸依旧是大众阅读时难以替代的读物。目前，北京日报报业集团是北京最大的以纸媒体为主业的现代化新闻传媒集团，资产总额达30多亿元，旗下的《北京日报》《北京晚报》《北京晨报》等的市场客源不仅仅是党政机关工作人员，也有很多的普通市民。

（二）数字出版等新兴领域日益壮大

2010年9月15日，新闻出版总署发布《关于加快我国数字出版产业发展的若干意见》，指出所谓“数字出版”是指利用数字技术进行内容生产，并通过网络传播数字内容产品的活动。2011年，新闻出版总署就数字出版产业基地、数字出版平台建设和网络出版服务三方面进行调查研究，发布了《国家新闻出版产业基地（园区）管理办法》《网络出版服务管理规定》和《数字出版内容平台建设指导意见》，进一步完善了我国数字出版产业法律法规建设体系，为数字出版产业基地、数字出版平台和网络出版的发展指明了方向。

目前，数字出版产品形态主要包括电子图书、数字报纸、数字期刊、网络原创文学、网络教育出版物、网络地图、数字音乐、网络动漫、网络游戏、数据库出版物、手机出版物（彩信、彩铃、手机报纸、手机期刊、手机小说、手机游戏）等。北京是我国互联网媒体的中心，新浪、搜狐、网易等新闻门户均设在北京，这为北京数字出版的发展提供了强大的基础。未来应充分利用现有出版资源，做强做优内容，积极推动全媒体出版。以大数据、云计算为抓手，搭建数字出版公共服务平台、成立新媒体的数字出版产业联盟。在做好区域性出版规划的基础上，促进政府给予数字出版以政策扶持。

（三）管理制度逐步向现代化迈进

由于文化领域的特殊性，包括北京在内我国出版业的管理制度改革大大落后于其他行业。虽然不少出版社都实行了转制和改革，但整个出版行业还多少保留着带有计划经济色彩的事业型体制。长期以来，产业链上游的出版权、产业链下游的发行权等都被少数出版社垄断。

近10年来，随着改革开放进入深水区，之前不曾触及的领域也开始转型。20 世纪 80 年代中期开始，民营书业就已经开始与出版社合作。2003 年,《出版物市场管理规定》出台，民营书业公司取得了获得新闻出版总署颁发的出版物国内总发行权和全国性连锁经营权许可证的权力。放开总发行权，允许全国性连锁经营，扩大了民营书业的营销规模和市场份额。目前，北京市场上的畅销书大多数都是民营书商与出版社合作生产的。可以预见，随着改革的进一步推进，垄断将进一步被打破，在民营书业获得更多平等权利的同时，出版业市场将更富于活力。

第九章
北京文化创意产业发展的集聚区政策审视

在前面的章节中，本书分析了文化创意空间的概念，探讨了在文化创意空间理论（视角）下文化创意产业发展的分析方法。美术业、动画业、相声、广告、工业设计以及出版业，虽有不完全相同的发展规律，但政府在制定推动政策时，却往往是大体类似的。这包括财税方面的优惠，也包括对金融融资方面的鼓励等。其中，被提及最多、影响可能最大的是所谓的“集聚区政策”。

第一节　北京集聚区政策发展历程

2006 年，北京正式着力推动文化创意产业的发展，北京市委宣传部、北京市发展和改革委员会等单位根据《中共中央、国务院关于深化文化体制改革的若干意见》《北京市国民经济和社会发展第十一个五年规划纲要》，研究制定了《北京市促进文化创意产业发展的若干政策》。同年，北京即命名和认定了首批 10 个文化创意产业集聚区。通过规范集聚区的建设、发展标准，明确政府支持的重点，于同年通过了《北京市文化创意产业集聚区基础设施专项资金管理办法（试行）》，市政府开始设立文化创意产业集聚区基础设施专项资金，3 年投入 5 亿元，支持集聚区的基础设施、环境整治和公共服务平台建设。同时，北京出台了《北京文化创意产业集聚区认定和管理办法》，拟定了北京市文化创意产业集聚区考核评价指标体系。集聚区的认定条件是：有科学的规划、鲜明的产业特色和定位、相当的产业规模、先进的产业形态、合理规范的管理机构和运营机制、较完善的基础设施和公共服务支撑体系以及良好的产业发展前景。认定工作实行标准公开、自主申报，专业评审后经市文化创意产业领导小组审定。先后于 2008 年、2010 年 3 月和 2010 年 11 月，北京市文化创意产业领导小组办公室通过评审认定了第二批 11 个市级文化创意产业集聚区、第三批 2 个文化创意产业集聚区以及第四批 7 个文化创意产业集聚区。北京市级文化创意产业集聚区达到 30 个。

如表 9-1 所示，北京市促进文化创意产业的政策包括很多方面的内容。从文化创意产业的分类、投融资支持，到产业规划，特别是动漫、游戏等具体的文化创意产业部类的发展规划等。但是，从北京文化创意产业的管理体系来看，文化创意产业的集聚区政策有着特别的地位。北京市形成了自上而下的、紧密衔接的产业促进体系。市级层面设立了北京市文化创意产业发展领导小组办公室，设立了北京市国有文化资产监督管理办公室和北京市文化创意产业促进中心；在区县层面，北京各区县参照市级组织的领导体系，设置了相应的文化创意产业领导机构，以及文创办和文化产业促进中心。最基层的是在各个文化创意产业集聚区成立的管理委员会。北京各类文化创意产业的发展政策落实到企业层面大部分都要经过这些层层的管理机构的批准。

表 9-1　北京市文化创意产业政策

时间	政策文件
2006 年	《北京市文化创意产业分类标准》
2006 年	《北京市文化创意产业投资指导目录》
2006 年	《北京市文化创意产业发展专项资金管理办法》
2006 年	《北京市促进文化创意产业发展的若干政策》
2006 年	《北京文化创意产业集聚区认定和管理办法》
2006 年	《北京市海关关于支持北京市文化创意产业发展的若干措施》
2006 年	《北京工业促进局创意产业实施计划》
2007 年	《文化创意产业集聚区基础设施专项资金管理办法》
2007 年	《北京市保护利用工业资源，发展文化创意产业指导意见》
2007 年	《北京市展会知识产权保护办法》
2008 年	《北京市文化创意产业贷款贴息管理办法》

续表

时间	政策文件
2008 年	《北京市关于推进工业旅游发展的指导意见》
2009 年	《北京市文化创意产业创业投资引导基金管理暂行办法》
2009 年	《北京市文化创意产业担保资金管理办法》
2009 年	《北京市关于支持影视动画产业发展的实施办法》
2009 年	《北京市动漫企业认定管理工作实施方案》
2009 年	《北京市关于支持网络游戏产业发展的实施办法》
2009 年	《关于金融支持首都文化创意产业发展的指导意见》
2009 年	《北京市人民政府关于实施首都知识产权战略的意见》
2010 年	《北京市促进设计产业发展的指导意见》
2010 年	《北京市促进软件和信息服务业发展的指导意见》
2010 年	《关于大力推动首都功能核心区文化发展的意见》
2011 年	《北京市地方税务局关于促进北京市广告业发展的意见》
2011 年	《北京市人民政府关于印发推进两化融合促进首都经济发展若干意见及任务分工的通知》
2011 年	《关于发挥文化中心作用加快建设中国特色社会主义先进文化之都的意见》
2014 年	《北京市文化创意产业功能区建设发展规划（2014—2020 年）》
2014 年	《北京市文化创意产业提升规划（2014—2020 年）》

2014 年，北京市提出规划建设文化创意产业功能区的战略构想。在一定程度上，可以看作是对文化创意产业集聚区政策的进一步深化。北京市紧紧围绕全国文化中心的定位，明确了加快建设中国特色社会主义先进文化之都的宏伟目标。按照政府相关文件，这是“站在新的历史起点，面临新的形势任务，立足于‘全市一盘棋’，北京文化产业将走集群化发展道路，即以一区多园政策覆盖的方式，加快培育壮大产业集群，完善产业链、供应链、服务链，推动区域资源整合和产业协作，辐射带动周边地区的发展，促进文化创意产业由园区经济向区域经济转变”。

一般而言，与产业集聚区相比较，产业功能区更为强调从城市整体的角度进行论述，与城市规划相匹配。功能区内的企业经济行为嵌入于当地企业和其他辅助机构，包括政府、金融机构、中介机构等所构成的关系网络之中，因而，通过搭建推进产业组织的平台，创新体制机制，可以促进企业的合作和创新，推动地区经济的发展。2014年，北京市发布了《北京市文化创意产业功能区建设发展规划（2014—2020年）》。从这一规划来看，所谓的文化创意产业功能区，常常是几个文化创意产业集聚区的综合和统称。目前，北京市制定了到2020年建设20个文化创意产业功能区的目标。这一政府主导的发展规划如何才能更好地发挥作用，并实现既定目标，有待深入探讨。

第二节　北京集聚区政策效果观察

一、关于文化创意产业集聚区政策的学术争鸣

（一）文化创意产业集聚区政策的"倡导派"

文化创意产业集群（集聚区）的形成有很多种解释。尹宏（2009）曾对国内外一些学者的观点进行总结，将其强调的核心因素概括在表9-2中。国外学者Scott（2006）、Hutton（2004）、Neff（2005）等都曾对此进行过专门论述。有的认为，集群中激发创意人员灵感的创意场和规避经营风险的生产者网络对文化创意产业发展十分关键；有的认为，建筑、空间、文化设施，以及周边的学校、培训机构、非政府组织等都是文化创意产业集聚的原因；还有的主张，集群中的夜生活、酒会、会议等非正式关系是文化创意产业发展的重要资源。虽然对集聚区的成因有不同的认识，但就整体学术观点而言，学者们是文化创意产业集聚区的积极倡导者，对集聚区建设持有的态度都是比较积极的。

表9-2　不同学者对文化创意产业区位选择影响因素的认识

代表学者	创意人群	政策	文化	科技创新	创意环境	产业基础	城市功能
佛罗里达	*	*		*	*		*
查尔斯·兰德里	*		*		*		*
阿克巴·阿巴斯			*				*
艾伦·斯科特						*	
迈克尔·波特				*		*	
霍尔斯顿，阿帕杜兰	*						*

续表

代表学者	创意人群	政策	文化	科技创新	创意环境	产业基础	城市功能
查尔斯·利比斯特，凯特·奥克利					*	*	
奥康纳							*
王缉慈	*					*	*
诸大建，黄晓芬				*			

资料来源：尹宏（2009）

由于对集群（集聚区）的成因有不同认识，对于如何促进文化创意产业集聚区的发展，集聚区倡导派的学者之间自然也有不同的对策建议。国外影响较大的主张包括 Florida（2002）的创意资本理论、Landry（2000）的“七要素”学说，以及 Scott（2006）的创意场域理论等。其中，创意资本理论主张增强城市的文化包容性，建设文化设施推动文化创意产业的发展；“七要素”学说认为，文化创意产业的发展需要从人员品质、意志与领导素质、人力多样性、组织文化、地方认同、都市空间与设施、网络动力关系等方面协同推进；创意场域理论主张建立文化创意产业集群和地方劳动力市场，通过发挥生产者网络的集聚效益推动产业的发展。

近年，王缉慈（2005，2006）、诸大建和黄晓芬（2006）、厉无畏和王慧敏（2009）、金元浦（2011）等国内知名学者也对文化创意产业集群发展的态势及原因进行了论述。特别是王缉慈，她总结了文化创意产业集群的特征，即创意人群生活和工作结合，文化产品生产和消费结合，有多样化的宽松的创意环境和独特的本地人文特征，且与世界各地有密切的联系。她指出，我国文化创意产业集群在三种环境得到了初步发展：一是大城市的郊区；二是改造后的老厂房；三是新产业园区。黄斌（2012）在比较国内外的文化创意产业集群研究后发现：两者的研究框架和结论基本类似，但是在具体方法上国内研究往往偏重于本地研究而忽略全球产业网络研究；同时基于企业的定量研究较少，研究精度相对较差。这可能是当前在北京文化创意产业集群（功能区）研究中尤其值得重视的部分。

2014 年，北京文化创意产业功能区规划力图在涵盖之前建成的 30 个市级集聚区和国家级产业基地、园区的基础上，紧扣北京市“3+3+X”文化创意产业体系（即促进文化艺术、广播影视、新闻出版三大传统行业优化升级；壮大广告会展、艺术品交易、设计服务三大优势行业规模；推动文化与科技、金融、其他产业多元融合发展），通过促进功能区内的企业和机构合作、创新，推动文化创意产业的发展，带动城市空间格局的优化。然而，如何才能达到这样的目的，值得深入研究。

（二）文化创意产业集聚区政策的“超越派”

近年来，国内外都有一些学者（Martin，Sunley，2003；王缉慈等，2010）在肯定集群在产业经济发展中的作用的同时，指出集群乃至功能区，不是解决文化创意产业发展的“万能药”。因此，有必要超越集群发展中的地方因素，从全球化的高度和企业内生增长的深度来分析文化创意产业发展的原因。

王缉慈本是国内有关产业集群和产业集聚区研究最早、影响最大的学者。但是她在新著《超越集群》中却指出，产业集群和产业园区是两回事：有产业集群的地方不一定需要产业园区，建设了产业园区却不一定会发展产业集群。新加坡地理学家江莉莉（2012）还提出，超越集群的另一种思路应当是什么的问题。在她看来，跨国性的连接、空间政治经济和乡村的文化生产，是当前有关文化创意空间研究中所忽视的重要部分。其中，所谓的“跨国性连接”实际上是一个关于尺度的问题。传统的产业集群观点，往往有过于关注地方性因素的倾向，但对于地方之外的尺度关注不足。Coe（2000，2004）等学者的研究证明，从多个不同的尺度出发审视空间政治经济在实践中不断交融和变化的过程，对于解释文化创意产业的发展具有非常关键的作用。赵继敏（2010a）将“尺度政治”学说与文化创意产业链分析相结合，提出“创意产业环境矩阵”，主张中国创意产业发展的影响因素中，既有集聚区层面的，也有城市层面的，更重要的是还有来自国家层面和国际层面的。特别是国家层面的产权结构，国际层面的金融资本、文化观念等对我国城市文化创意产业的发展影响尤为强烈。

综上，文化创意产业集聚区的“倡导派”和“超越派”都肯定文化创意产业集聚区的合理存在，特别是对于自发形成的文化创意产业集聚区持有普遍认可的态度。所不同的是，后者主张文化创意产业集聚区不一定是文化创意产业空间布局的最合理形态。文化创意产业集聚区本身既可能是高效率的，也可能是低效率的，不应当成为文化创意产业建设的重要目标。

二、北京文化创意产业集聚区政策的不同效果及启示

（一）北京文化创意产业集聚区的发展差异

文化创意产业包括十几个部门，具体行业部门之间无论是在发生发展的动力机制方面，还是在其发展中的影响因素方面都有可能存在差异。以《北京市文化创意产业功能区建设发展规划（2014—2020年）》确定的基本蓝图为例（图9-1），其提出的“两条主线，七大板块”所对应的典型功能区包括不同的类型。目前，各类集聚区的发展存在一定的差别。

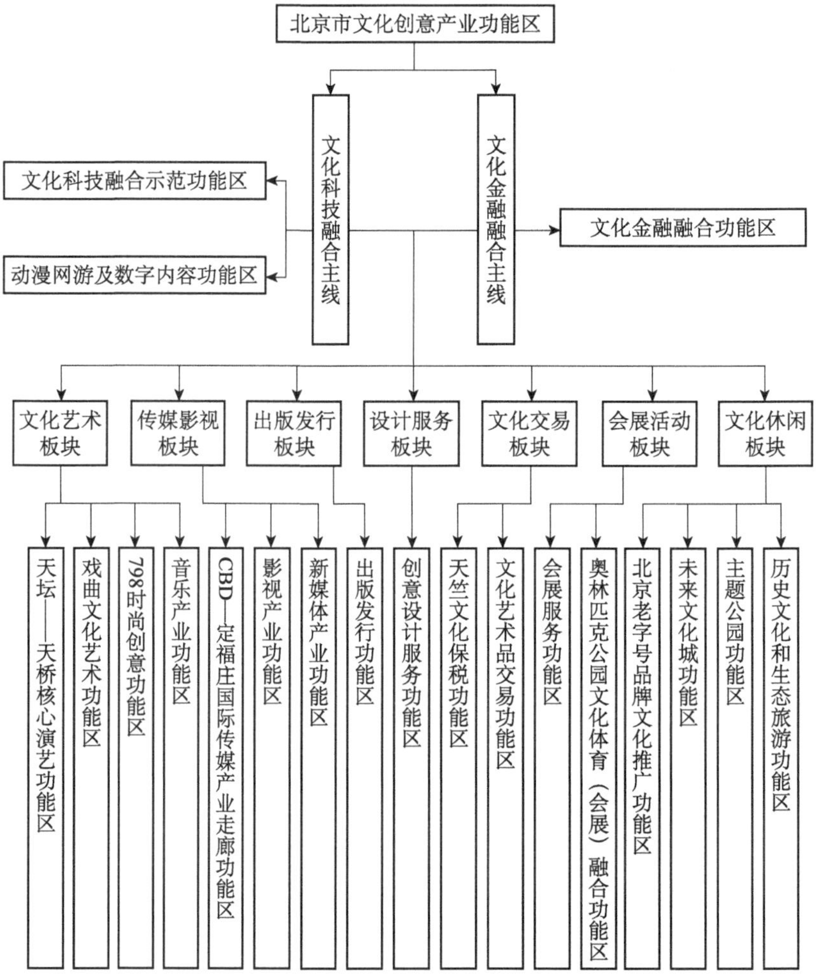

图9-1　北京文化创意产业功能区产业支撑体系

资料来源：《北京市文化创意产业功能区建设发展规划（2014—2020年）》

在七大板块中的大多数板块，如文化休闲、文化交易、会展活动和出版发行，北京形成了明显的产业集聚区，企业与当地的机构、设施形成了良性的互动。在另外一些板块，如文化艺术、设计服务、传媒影视，有些产业集聚区只是空间形式上有所存在，并没有形成真正的产业集群。成功的产业集群需要有真实的产业集聚，同时，企业、政府、社会形成彼此共生的关系网络，共同促进企业和地方经济的发展。从这个角度而言，“798”艺术区和“中国动漫游戏城”可以被看作文化创意产业集聚区“最成功”和“尚未成功”的案例。

1. 文化创意产业集聚区的成功案例——“798”艺术区

如第三章所述，“798”艺术区由于独特的地理位置和独具特色的建筑风格吸引了艺术家的聚集。艺术家和文化机构进驻后，成规模地租用和改造空置厂房，逐渐发育了画廊、艺术中心、艺术家工作室、设计公司、餐饮酒吧等各类设施，形成了具有国际化色彩的艺术群落，引起了国内外广泛的关注。在创造了大量就业的同时，甚至还成了北京的新地标，被国外一些媒体评价为北京成为国际化大都市的标志。

2. 文化创意产业集聚区的“尚未成功”案例——“中国动漫游戏城”

动漫网游是北京文化创意产业八大类别之一。在新的北京文化创意产业功能区规划中虽然没有特别列出，但是，动漫产业仍然是北京重点支撑的产业类型。位于丰台区与石景山区交界处首都钢铁旧址的“中国动漫游戏城”是北京重点支持的此类文化创意产业集聚区。

“中国动漫游戏城”的功能定位是形成服务、引导、促进中国动漫游戏产业发展的，集动漫创作、生产、交易于一体的动漫产业园区。作为北京市市委市政府与文化部签署的推动首都文化发展战略合作的重点项目，规划将首钢二通厂厂区用地定位为集动漫创作、生产、交易于一体的动漫产业园区、主题公园及配套服务等六个功能区，总建筑规模 120 万平方米，包括企业集聚、动漫主题体验、高端动漫技术平台、信息交流和展示平台等具体内容。按照北京市的要求，首都钢铁已于 2009 年 10 月先期启动核心区开发建设，2011 年 10 月 1 日，“中国动漫游戏城”启动暨首届中国动漫游戏嘉年华系列活动在位于原首都钢铁二通厂的“中国动漫游戏城”开幕。然而，到 2015 年 4 月，笔者到这里去实地考察，除了两三家艺术家的工作室之外，还没有一家真正与动漫相关的企业入驻。动漫产业集聚区的形成可能“遥遥无期”。

（二）北京文化创意产业集聚区发展差异的启示

1. 不同的文化创意产业部类，有着不完全相同的集聚规律

北京文化创意产业集聚区的建设应当根据不同的行业制定不完全相同的促进政策。比如，工业设计可能与本地的工业基础关系密切；出版业可能与大学和科研人员的布局有关；电视、广播、电影、游戏等各个部门可能都有自己独特的一面。

在调研中，笔者发现以美术为代表的产业类型，需要创作者彼此之间经常性的交流，需要创意人群共享价值观和文化氛围。相反，以动漫为代表的一些产业类型则常常是在北京的任一交通便利的地方均可。动画编剧之间的交流主要是通过网络，偶尔的面对面交流一般也没有固定的场所。动画导演、制作者彼此的交流主要来自企业内部。这样，动画企业的布局便有了较大的自由度。这不是说动漫产业不需要集聚，而是说不一定需要集聚在城市内部的某个特定的空间，也即不一定需要通常所说的文化创意产业集聚区。

2. 是否能够产生集聚效益，取决于市场规律而非政府的推动

对于“798”艺术区和“中国动漫游戏城”，二者另一个显著差别是形成的机理不同。“798”艺术区孕育在市场经济的大潮里。从最初极少数艺术家在那里建设工作室、画廊，到后来的日益蓬勃发展，到繁盛时期拥有上百家画廊和工作室、艺术公司，完全自发形成，政府几乎没有干预。相反，“中国动漫游戏城”从一开始就是由政府设想和规划的，到现在也没有成规模的动漫企业入驻。可以说，规划思路没有通过市场的检验。虽然政府充满了一腔热情，但是如前文所述，动漫产业不需要集聚在一个小范围的空间内，这样的集聚并不能促使动漫产业产生集聚效益。

3. 是否促进创新创意，是文化创意产业集聚区能否成功的关键

区别于传统的集聚区，文化创意产业集聚区竞争优势的获得主要依赖培育创新环境，生产高附加值的文化产品，而不是低廉的成本。北京较为成功的文化创意产业集聚区，如莱锦创意产业园、DRC 工业设计园区、“798”艺术区等都是依靠独具特色的创新环境，吸引了行

业内极富竞争力的企业，并生产出知名的文化品牌而获得广泛的认可的。

第三节　关于北京文化创意空间发展政策的三点主张

北京文化创意空间的发展政策基本上是按照文化创意产业集聚区的“倡导派”的观点而设立的。随着学术界对“集群（集聚区）一定是好的”的质疑越来越多，文化创意产业集聚区政策理应被重新反省。综观文化创意空间理论和北京文化创意产业发展的实践。笔者提出三点对于北京文化创意空间政策的主张。

一、改变集聚区建设作为发展北京文化创意产业核心目标的现状

面对国内对集聚区建设的狂热，地理学家王缉慈等（2010）曾经大声疾呼：“超越产业集群必然导致区域经济发展的逻辑”，“超越产业集群必定是创新空间的思维”。就北京文化创意产业集聚区而言，这样的呼吁显得尤为必要。

近年，北京文化创意产业集聚政策颇为“时髦”。北京在原有的市级、区级集聚区基础上，又新规划了文化创意产业功能区。二者都是规划的文化创意产业在地理空间上的集聚区域，看起来似乎没有本质上的差异。但是，却足以体现北京市对于文化创意空间的重视，寄希望于在城市内部非常规范地规划出若干个实体空间来孕育文化创意产业的发展。然而，现实的情况是，文化创意产业集聚区在北京遍地开花的同时，很多典型的文化创意类公司和企业并未在某个文化创意产业集聚区之内（比如，吸铁石动漫公司位于大型居住社区天通苑内；北极狐广告公司位于亚运村等）。对于这些企业而言，位于北京市内与北京众多的文化创意企业共享同一个城市的文化、设施、人才和信息，就已经达到了集聚的目的。因而，以集聚区作为建设文化创意产业的主要抓手，很难照顾到各个文化创意企业的需要，除了能够带来视觉上更为有秩序的感觉外，不一定能够提升生产效率。发展北京文化创意产业，更重要的是对企业的扶持，而非对集聚区的规划和建设。

一方面，就当前的现实情况而言，文化创意产业集聚区建设仍然是

北京发展文化创意产业的关键举措。另一方面，自发形成的文化创意产业集聚区有很大的合理性。因而，改变集聚区建设作为发展北京文化创意产业核心目标的现状，不是说不发展文化创意产业集聚区，而是不要将建设集聚区作为发展文化创意产业成功与否的最重要的标准，甚至是关键的标准。

二、严格贯彻落实集聚区相关政策标准，减少不合理的集聚区规划

一些文化创意产业集聚区之所以发展不利，根本原因在于违背了相关产业部门的布局规律。政府如果将大量的投入放在这类集聚区上，必然会造成经济损失。《北京市文化创意产业集聚区认定和管理办法》明确规定了包括“有鲜明的产业特色和定位，并且已经集聚了一定数量的文化创意企业，集聚区的产值、交易额等经济效益指标居于同行业领先地位”等在内的七条认定标准。然而，现实情况却是有些集聚区并没有多少文化创意企业，政策具体执行时与规章制度有一定的差距。因此，北京建设文化创意产业集聚区，首先要做的就是严格贯彻落实集聚区相关政策标准，减少不合理的集聚区规划。

首先，北京政府应当将主要精力投放到自发形成的集聚区上来，减少自上而下、主观构想的集聚区建设。在党的十八大后，国家层面已经确立了市场在资源配置中的决定性作用。就文化创意产业的空间布局而言，政府不应当过多地干预，其主要精力应该投放到那些企业能够自发集聚，已经形成一定业态的文化创意产业集聚区的建设中来。

其次，北京政府应当将主要精力投放到促进企业的创新合作上来，减少对部分无效率的国有企业的扶持。目前，一些集聚区由原有的国有文化单位改造而来。然而，由于种种原因，其不能取得理想的经济效益。但是，北京文化创意产业的扶持资金仍然大量地流向这些单位。相反，一些经营效率高、发展潜力大的民营企业却因为缺少相关的支持没有能够发展壮大起来。因而，政府对集聚区推动的着力点应当主要放到促进企业的创新和合作上来。对于那些能创新、有发展潜力的企业，无论是国企还是民企，都应给予一致的对待，大力发展。

三、理解北京文化创意产业空间的尺度政治，超越从地方层面解决问题的思维

如前文所述，地理学中的尺度政治理论在文化创意产业的发展中具有很强的解释力。在北京，文化创意产业的发展往往受到国际和国家层面因素的强烈影响，甚至常常超越了北京本地因素。“798”艺术区的国际资本、新闻出版业的国家干预等都是超越地方的力量在发挥作用。

理解北京文化创意产业的发展，必须超越把对文化创意空间的理解等同于实体空间的认识。文化创意产业的发展并非某一个尺度的因素所能决定的。在不同的历史时期、不同的地域，甚至不同的产业部门，国际、国家、城市和集聚区四个尺度中的相关因素相互博弈、竞争，从而导致了文化创意产业的发展和文化创意产业集聚区的演变。因此，对于发展北京文化创意产业而言，必须面向国际，吸收国际资本、技术，以及人才和先进经验；必须和中央政府积极沟通，解决文化创意产业发展中的体制问题和观念问题。通过不同尺度、不同层面的力量相互协作，达到推动北京文化创意产业发展的作用力最大化的目的。

参考文献

卜国琴 .2007. 全球生产网络与中国产业升级研究 . 暨南大学博士学位论文

曹时炯 .1999. 为商业广告恢复而呐喊的人——访“为广告正名”一文的作者丁允朋 . 中国广告，（1）：20

常泽鲲，张静华，苑天阳 .2013. 北京广告业现状及发展对策研究 . 现代传播，（2）：100-103

陈彬 .2010-8-16. 工业设计：让传统制造业产生几何效益 . 科技日报，第 12 版

陈洁民，尹秀艳 .2009. 北京文化创意产业发展现状分析 . 北京城市学院学报，（4）：9-19

陈培爱 .2007. 台湾广告业的国际化历程对中国大陆本土广告公司的启示 . 广告大观（综合版），（3）：30-32

陈淑姣 .2013. 北京动画产业盈利模式研究 . 北京社会科学，（2）：94-98

程士安 .2007. 国际视野下的中国广告业发展之路 . 广告大观（综合版），（6）：27-29

窦红梅 .2014-5-12. 北京成为全国广告业最发达地区之一 . 北京日报，第 1 版

范军 .2014.《北京出版史志》——区域性出版史料经眼录（一）. 出版科学，22（1）：98-101

高磊盈 .2014. 传统出版产业价值链在数字出版时代的延伸 . 广西民族大学硕士学位论文

国家文化产业创新与发展研究基地，北京大学文化产业研究所 . 2006. 中国文化产业年度发展报告 2006. 长沙：湖南人民出版社

韩建光 .2006. 四专家会诊国产动画片：春天何时才能到来？ http：//digi.it.sohu.com/20060828/n245032201.shtml[2015-09-29]

何深静，钱俊希，邓尚昆 .2011. 转型期大城市多类绅士化现象探讨——基于广州市六个社区的案例分析，26（1）：44-49

河清 . 2005. 艺术的谋术 . 桂林：广西师范大学出版社

侯克明 .2006. 中国动画产业年报 . 北京：海洋出版社

胡月朋 .2007a. 圆明园画家村时期的生活往事 . http：//blog.sina.com.cn/s/blog_4bc8b4f7010007mu.html[2007-01-26]

胡月朋 .2007b. 圆明园画家村撒尿事件 . http：//blog.sina.com.cn/s/blog_4bc8b4f7010007ma.html[2007-01-24]

胡兆量，阿尔斯朗，琼达 .2009. 中国文化地理概述 . 北京：北京大学出版社

黄斌 .2012. 北京文化创意产业空间演化研究 . 北京大学

黄珺 .2015. 大数据的局限性——以广告业为例 . 郑州轻工业学院学报（社会科学版），16（1）：96-98

惠东坡 .2012. 北京市动画产业发展状况探析 . 数据，（3）：62-64

吉圈圈 .2011. 当前国内广告业发展瓶颈及趋势浅析 . 中国市场，（18）：10-13

江莉莉 .2012. 试论文化创意空间的意义 // 莫建伟 . 文化创意空间艺术与商业的集聚与融合 . 北京：社会科学文献出版社

蒋晓雯 .2007. 从洋动画的渗透看中国动画产业的发展 . 现代商贸工业，19（3）：14-15

蒋艳洁 .2014. 广告业的产业组织分析 . 经济研究导刊，（1）：39-40
金兼斌 .2006. 解析网络广告业的发展趋势及其影响因素 . 广告大观（综合版），（5）：46-48
金元浦 .2011. 艺术创意集聚区与“波希米亚族”. 艺术评论，（4）：31-34
孔建华 .2010. 论北京文化体制改革 20 年 . 中国文化产业评论，12：126-157
李峰 .2008. 前卫艺术回顾：中国当代艺术及市场 28 年 . http：//www.findart.com.cn[2008-09-13]
李国杰，程学琪 .2012. 大数据研究：未来科技及经济社会发展的重大战略领域 . 中国科学院院刊，（6）：647-657
李建盛 .2009. 北京文化 60 年 . 北京社会科学，（5）：108-112
李镜镜，张志强 .2013. 国内外电子书书号管理现状及建议 . 中国出版，（21）：39-43
李蕾蕾，张晓东，胡灵玲 . 2005. 城市广告业集群分布模式——以深圳市为例 . 地理学报，60（2）：257-265
李娜 .2008. 湖北动漫 vs 湖南动漫 差距究竟在哪里？ http://www.whcic.com/Article/hyrd/200810/10136.html[2009-10-20]
李培，毛一竹 .2008. 北京 798 画廊遭倒闭潮　广州沙面最大画廊“关门”. http：//news.163.com/08/1118/16/4R20PK6U000120GU.html[2009-11-07]
李胜利 .2006. 中国出版业的现状与战略选择 . 对外经济贸易大学硕士学位论文
李晓阳 .2009. 中国当代：资本热捧的“火箭”. http://money.jrj.com.cn/2009/11/0708046416471.shtml[2009-11-07]
李雪梅 . 2006. 北京 798：从军工厂到艺术区 . 中国国家地理，（6）：114-120
李洋 .2015-03-12. 北京文创占 GDP 比重突破 13%. 北京日报，第 1 版
李玉梅 .2004. 打造动画“航空母舰”揭开“蓝猫之父弃蓝猫”谜底 . http://news.xinhuanet.com/newscenter/2004-08/27/content_1898496.htm.[2014-08-27]
李铮，姚想想，关越 . 2013. 北京市文化创意产业浅论 . 商场现代化 . (26)：149-150
理查德・佛罗里达 .2006. 创意经济 . 方海凭，魏清江译 . 北京：中国人民大学出版社：91
厉无畏，王慧敏 .2009. 创意社群与创意产业的持续发展 . 社会科学，（7）：36-43
栗宪庭，刘淳 .2000. 回顾中国前卫艺术 . 天涯，（4）：115-120
栗宪庭 .2005. 当代艺术的评论家栗宪庭　谈画家村流变 . http：//yule.sohu.com/20050817/n226697332.shtml[2009-02-03]
栗宪庭 .2001. 只是想住农家小院 . 读书，（12）：81-85
林明杰 .2006. 艺术还是谋术？——扑朔迷离的中国当代艺术品市场 . http://news.xinhuanet.com/shuhua/2006-10/18/content_5216627.htm[2015-12-22]
林亚茗，马想斌，欧贻宏 . 2009-02-07. 广东动漫先发优势在消失 . 南方日报，第 2 版
刘建一 .2009. 北京 CBD 内广告业发展研究 . 北京工商大学学报 (社会科学版). 24(6):105-109
刘晋锋 . 2006. 孙立军披露《小兵张嘎》发行困境 . http://news.sina.com.cn/c/cul/2006-06-06/09159131069s.shtml[2015-12-30]
刘妮丽 . 2008-08-17. 民族动漫新航母在湖南起航 . 北京商报，第 8 版
刘云刚，王丰龙 .2011 a. 尺度的人文地理内涵与尺度政治 . 人文地理，（3）：1-6
刘云刚，王丰龙 .2011 b. 三鹿奶粉事件的尺度政治分析 . 地理学报，66（10）：1368-1378
柳斌杰 .2007. 出版体制改革与改革中的出版业 . 出版科学，15（5）：5-12

卢斌 .2007.2006 年国家动漫产业基地建设的概况 // 崔保国 .2007 年：中国传媒产业发展报告 . 北京：社会科学文献出版社
卢小龙 .2004. 北京的业界生态最健康 . 大市场（广告导报），（2）：25
罗争玉 .2006. 文化事业的改革与发展 . 北京 ：人民出版社
吕炳斌 .2007. 数字时代版权保护理念的重构——从以复制权为中心到以传播权为中心 . 北方法学，1（6）：127-131
吕志诚 .2005. 中国广告业发展的主要问题与对策 . 中国工商管理研究，（3）：24-25
漫友动画研究所 .2007. 中国第一次引进日本最经典畅销漫画 .http：//www.cnci.gov.cn/content/2007412/news_23654.shtml[2009-02-03]
美国国家研究院地学，环境与资源局重新发现地理学委员会 .2002. 重新发现地理学 . 黄润华译 . 北京：学苑出版社：109
缪钧，张红冰，应钧 .2008-11-04. “三大转变”推动，上海广告业昂首阔步 . 中国工商报，第 B01 版
莫建伟 .2012. 文化创意空间艺术与商业的集聚与融合 . 北京：社会科学文献出版社
宁泽群，金珊 . 2008.798 艺术区作为北京文化旅游吸引物的考察：一个市场自发形成的视角 . 旅游学刊，23（3）：57-62
潘清 .2010. 艺术品交易暴天价 流动性成幕后“推手”. http：//news.xinhuanet.com/2010-11/14/c_12772936.htm[2011-11-05]
齐心 .2007. 走向有限社区——对一个城市居住小区的社会网络分析 . 北京：首都师范大学出版社
乔东亮，喻国明，陈勤 .2006. 首都出版业可持续发展问题研究 . 北京社会科学，（6）：23-30
秦喜杰 .2006. 中国动画片的产业经济学研究 . 北京：中国市场出版社
师烨东 .2013. 北京工业设计的困境与出路 . 投资北京，（7）：40-44
唐顺英，周尚意 .2011. 浅析文本在地方性形成中的作用——对近年文化地理学核心刊物中相关文章的梳理 . 地理科学，31（10）：1159-1165
田君 .2005. 作为创意文化产业而发展的工业设计 . 装饰，（152）：8-9
万静 . 2005. 中国动画与迪士尼的两种因缘 . http：//zqbgcy.blog.163.com/blog/static/260418200628430240[2015-10-01]
汪继芳 .1999. 圆明园画家村 . 20 世纪最后的浪漫——北京自由艺术家生活实录 . 哈尔滨：北方文艺出版社
王缉慈 .2005. 创意产业集群的价值思考 // 厉无畏，王如忠 . 创意产业——城市发展的新引擎 . 上海：上海社会科学院出版社
王缉慈 .2006. 关注文化创意产业续 . 前线，（4）：24-25
王缉慈等 .2010. 超越集群：中国产业集群的理论探索 . 北京：科学出版社
王健 .2006-08-25. 北京艺术评论家呼吁：叫停媚俗大脸画 . 新华日报，第 D03 版
王俊 .2007. 广东流行乐坛 30 年光荣与梦想 . http：//news.163.com/07 /0618/14/3H9BC40B0001124J.html[2015-10-01]
王丽，张月琳 . 新华时评：发展动漫产业不能搞“大跃进”. http：//news.xinhuanet.com/newscenter/2007-09/16/content_6733387.htm[2015-09-28]
王南溟 .2008. “政治波普”与“泼皮主义”：是荣誉还是问题 . http://www.baozang.com/zt/

danianhua/3.htm[2010-08-18]
王婷婷，张京祥 .2009. 文化导向的城市复兴：一个批判性的视角 . 城市发展研究 .16（6）：113-118
王岩 .2009.798 回应“画廊倒闭风潮”：金融危机没根本性威胁 . http：//news.163.com/09/0506/07/58K7JTT9000120GU.html[2015-09-28]
翁海华 .2007. 动漫湘军图谋国内第一股 . http://tech.sina.com.cn/i/2007-11-29/09231881342.shtml[2007-12-15]
吴良镛 .2005. 北京旧城保护研究（下篇）. 北京规划建设，(2)：66-72.
吴天芝 .2007. 北京工业设计类创意产业集群研究 . 首都经济贸易大学硕士学位论文
夏晓晖 .2004. 地域文化、经济特质决定广告市场规则 . 大市场（广告导报），(3)：18
夏彦国 . 2009-02-27 a. 关于 798 有多少家画廊倒闭 . 北京商报，第 B2 版
夏彦国 . 2009b. 写实绘画市场行情及收藏 . http：//www.chym.com.cn/news/detail/id--1056.html[2015-09-29]
徐冠彤 .2015. 广告业未来的发展 . 当代青年，(1)：88
徐丽芳 .2008. 出版产业链价值分析 . 出版科学，16（4）：17-19
学东 .2009. 资本热捧的“火箭”http：//finance.sina.com.cn/stock/t/20091107/01166935588.shtml[2015-09-28]
杨松 .2012. 北京创意产业集聚特征分析——以出版业为例 . 北京规划建设，(3)：84-87
杨卫 .2005. 圆明园画家村 . 艺术评论，(5)：13、14
衣彩天，肖东发 .2010. 出版产业链模式构建初探 . 编辑学刊，(3)：84-88
殷爱平 .2008. 北京传统出版业在文化创意经济中的发展态势 . 北京社会科学，(2)：17-20
尹弘 .2009. 现代城市创意经济发展研究 . 北京：中国经济出版社
于长江 .2007. 都市化、艺术化与艺术群落 . 宋庄艺术 2006. 长沙：湖南美术出版社
约翰斯顿，格雷戈里，史密斯 . 2005. 人文地理学词典 . 柴彦威等译 . 北京：商务印书馆，603-633
云帆 .2001-07-13. 创新工业设计，提升中国制造内涵 中国机械工程学会工业设计分会理事长、浙江大学校长潘云鹤访谈录 . 中国企业报，第 002 版
张健，王军元 .2008. 广告业制度化与新闻专业主义的诞生——简析 19 世纪末 20 世纪初美国广告业和新闻业的互动关系 . 中国广告 .(1)：36-42
张泉 .2008. 改革开放三十年（文化卷）. 北京：北京出版社
张烊 .2008. 缅怀 90 年代圆明园画家村的那些人 . http：//blog.sina.com.cn/s/blog_4a6898690100b329.html[2015-09-28]
张中江 .2008. 圆明园的“盲流”迁移宋庄“画家村”闻风四起 . http：//culture.people.com.cn/GB/22219/8576478.html[2015-10-05]
赵继敏 .2010a. 社会文化环境对中国创意产业区位的影响研究 . 北京：北京燕山出版社
赵继敏 .2010b. 社会文化空间与北京艺术区区位的变迁 . 城市问题，(5)：97-102
赵继敏 .2011. 文化产业与创意产业的概念探讨 . 对外经贸，(12)：62-64
赵均果，王峰 .2002. 改革开放以来我国出版业的发展与变革 . 图书情报知识，(5)：86-88
赵树明 .2004. 企业需要本土广告公司 . 大市场（广告导报），(3)：25
赵文侠 .2009-06-28.“国家动画产业基地”落户北京文化创意产业集聚区 . 北京日报，第 1 版

中国广告协会 .2014. 中国广告年鉴 2014. 北京：新华出版社
中商情报网 .2015. 2013 年中国媒体单位广告营业额前 100 名名单 . http://www.askci.com/news/data/2015/02/06/17728pjri.shtml[2015-12-01]
周尚意，姜苗苗，吴莉萍 .2006. 北京城区文化产业空间分布特征分析 . 北京师范大学学报 (社会科学版)，(6):127-133
周尚意，吕国玮，戴俊骋 .2011. 北京 DRC 空间约束下的企业网络特征与创新能力关系分析 . 经济地理，31（11）：1845-1850
周尚意，杨鸿雁，孔翔 .2011. 地方性形成机制的结构主义与人文主义分析——以 798 和 M50 两个艺术区在城市地方性塑造中的作用为例 . 地理研究，30（9）：1566-1576
周尚意 .2007. 社会文化地理学中小区域研究的意义 . 世界地理研究，16（4）：41-46
朱春娇 .2010. 中国动画产业现状及发展研究 . 现代商贸工业，（4）：108-109
朱华晟，任灵芝，付晶，李伟 .2011. 基于公私合作视角的城市创意产业公共治理——以北京工业设计业为例 . 经济地理，31（9）：1463-1469
朱喜钢，周强，金俭 .2004. 城市绅士化与城市更新——以南京为例 . 城市发展研究，11（4）：33-37
诸大建，黄晓芬 .2006. 创意城市与大学在城市中的作用 . 城市规划学刊，（1）：27-31
曾庆宾 .2003. 中国出版产业发展研究 . 暨南大学博士学位论文集
Borgatti S P, Foster P C. 2003. The network paradigm in organizational research：a review and typology. Journal of Management, 29:991-1013
Brenner N.1998.Global cities, glocal states: global city formation and state territorial restructuring in contemporary Europe. Review of International Political Economy, 5(1):1-37
Brenner N.2001.The limits to scale? Methodological reflections on scalar structuration. Progress in Human Geography, 25(4):591-614
Coe N, Johns J.2004.Beyond production clusters: towards a critical political economy of networks in the film and television industries//Power D, Scott A. The Cultural Industries and the Production of Culture. London: Routledge:188-204
Coe N. 2000.The view from out west: embeddeness, inter-personal relations and the development of an indigenous film industry in Vancouver. Geoforum, 31(4):391-407
Coe N, Dicken P, Hess M. 2008. Global production networks: realizing the potential. Journal of Economic Geog raphy, (8):271-295
Cox K R. 1998. Spaces of dependence, spaces of engagement and the politics of scale, or: looking for local politics. Political Geography, 17(1):1-23
Dicken P.2011.Global Shift: Mapping the Changing Contours of the World Economy. 6th ed. New York: The Guilford Press
Einarsson A.2005-07-03.The Economic impact of the Icelandic music industry—structure and management//Proceedings of the 8th International Conference on Arts & Cultural Management. Montreal: Proceedings of the 8th International Conference on Arts & Cultural Management.
Florida R, Tinagli I. 2004. Europe in the Creative Age. http://www.gmit.ie/research/report_europe_in_the_creative_age.pdf[2008-09-19]

Florida R. 2002.The Rise of the Creative Class and How it's Transforming Work, Leisure, Community and Everyday Life. New York: Basic Books

Gibson C. 2002. Rural transformation and cultural industries: popular music on the New South Wales Far North Coast. Australian Geographical Studies, 40:336-356

Gibson C. 2003. Cultures at work: why "culture" matters in research on the "cultural" industries. Social and Cultural Geography,(4):201-215

Glaeser E L. 2004. Review of Richard Florida's The Rise of the Creative Class. http://creativeclass.com[2008-09-19]

Glass R.1964.London: Aspects of Change. London: MacGibbon & Kee

Harris A.2012.Art and gentrification: pursuing the urban pastoral in Hoxton. London: Transactions of the Institute of British Geographers,37(2):226-241

Hospers G J. 2003. Creative Cities: Breeding Places in the Knowledge Economy. Knowledge, Technology, and policy,16(3):143-162

Hutton T A.2004.The new economy of the inner city. Cities, 21(2): 89-108

Keeble D, Nachum L.2002.Why do business service firms cluster? Small constultancies, clustering and decentralization in London and Southern England. Transactions of the Institute of British Geographers, 27(1):67-90

Kelly P F. 1997. Globalization, power, and the politics of scale in the Philippines. Geoforum, 28(2):151-171

Kong L.2005.The sociality of cultural industries Hong Kong's cultural policy and film industry. International Journal of Cultural Policy, 11(1):61-76

Kong L.2009.Beyond networks and relations: towards rethinking creative cluster theory // Kong L, O'Connor J. Creative Economies, Creative Cities: Asian-European Perspectives. Cordre: Springer: 61-75

Landry C.2000.The creative city: a toolkit for urban innovators. London: Earthscan Publications

Lefebvre H.1991.The Production of Space. Nicholson-Smith D. USA : Blackwell

Levy D L.2008.Political contestation in global production networks.Academy of Management Review,33 (4): 943-962

Ley D.1986.Alternative explanations for inner-city gentrification: A Canadian assessment. Annals of the Association of American Geographers, 76(4):521-535

Ley D.2003.Artists, aestheticisation and the field of gentrification.Urban Studies, 40(12):2527-2544

Mackinnon D.2011.Reconstructing scale: towards a new scalar politics. Progress in Human Geography, 35(1):21-36

Marston S, Jones J P, Woodward K.2005. Human geography without scale. Transactions of the Institute of British Geographers, 30(4): 416-432

Martin R, Sunley P.2003.Deconstructing clusters:chaotic concept or policy panacea. Journal of Economic Geography,3(1):5-35

Massey D.1994.Space, place, and gender. Minneapolis: University of Minnesota Press

Massey D.1995.Places and their pasts. History Workshop Journal, 45(39): 182-192

Moore A.2008.Rethinking scale as a geographical category: from analysis to practice. Progress in Human Geography,32(2): 203-225

Neff G.2005.The changing place of cultural production: the location of social networks in a digital media industry. The Annals of the American Academy, 597(1): 134-152

Newstead C, Reid C, Sparke M.2003.The cultural geography of scale// Anderson M, Domosh S, Thrift N. Handbook of Cultural Geography. London: Sage Publications Limited: 485-497

Novy J, Colomb C.2012.Struggling for the right to the (creative) city in Berlin and Hamburg: new urban social movements, new "spaces of hope"? International Journal of Urban and Regional Research,37(4):1-23

Phillips M.1993.Rural gentrification and the process of class colonization. Journal of Rural Studies, 9(2):123-140

Pratt A C.2004.Creative clusters: Towards the governance of the creative industries production system? Media International Australia,(112): 50-66

Relph E.1976. Place and Placelessness. London: Routledge Kegan&Paul

Scott A J. 2004.Cultural-products industries and urban economic development - Prospects for growth and market contestation in global context. Urban Affairs Review, 39 (4):461-490

Scott A J. 2006. Entrepreneurship, innovation and industrial development: Geography and the creative field revisited small business economics, (26): 1-24

Scott A J.2000.The cultural economy of cities: essays on the geography of image-producing industries. London: SAGE Publications Ltd

Scott A J.2001.Capitalism, cities, and the production of symbolic forms.Transactions of the Institute of British Geographers,26 (1): 11-23

Smith N. 1993.Homeless/global: scaling places. In: Bird J, Curtis B, Putnam T, et. al. Mapping the futures. London: Routledge,87-119

Smith N.1990.Uneven development: nature, capital and the production of space (second edition). Cambridge, MA: Blackwell, 160-178

Smith N.1992.Contours of a spatialized politics: homeless vehicles and the production of geographic scale. Social Text, (33): 54-81

Smith N.1996.Spaces of vulnerability: the space of flows and the politics of scale. Critique of Anthropology,16(10): 63-77

Smith N.2002.New Globalism, New Urbanism: Gentrification as Global Urban Strategy. Antipode, 34(3):427-450

Swyngedouw E.1997. Neither global nor local: 'Glocalization' and the politics of scale//Cox K. Spaces of Globalization: Reasserting the Power of the Local. New York: Guilford, 140-142

Taylor P J.1982.A materialist framework for political geography. Transactions of the Institute of British Geographers, 7(1):15-34

Yin Y M, Liu Z G, Dunford M, Liu W D,. 2015.The 798 Art District: Multi-scalar drivers of land use succession and industrial restructuring in Beijing. Habitat International, 46(4):147-155

Zukin S.1982.Loft living as "historic compromise" in the urban core: the New York experience.

International Journal of Urban and Regional Research,6 (2):256-267

Zukin S.1988.Loft living:culture and capital in urban change. Baltimore: Johns Hopkins University Press

Zukin S.1989.Loft Living: Culture and Capital in Urban Change. London: John Hopkins University Press